FAMÍLIA VIAGEM GASTRONOMIA MÚSICA CRIATIVIDADE
& OUTRAS LOUCURAS

LAU PATRÓN

71 LEÕES

UMA HISTÓRIA
SOBRE AFETO, DOR
E RENASCIMENTO

Belas Letras

© 2018 Lau Patrón

Uma mensagem assustadora dos nossos advogados para você:
Nenhuma parte desta publicação pode ser reproduzida, armazenada ou transmitida, sem a permissão do editor.
Se você fez alguma dessas coisas terríveis e pensou "tudo bem, não vai acontecer nada", nossos advogados entrarão em contato para informá-lo sobre o próximo passo. Temos certeza de que você não vai querer saber qual é.

Este livro é o resultado de um trabalho feito com muito amor, diversão e gente finice pelas seguintes pessoas:

Gustavo Guertler (edição), Fernanda Fedrizzi (coordenação editorial), Germano Weirich (revisão), Celso Orlandin Jr. (projeto gráfico), Giovanna Cianelli (capa), Angelo Bonini (foto da capa) e Cris Lisbôa (preparação de texto)

Obrigado, amigos.

2018
Todos os direitos desta edição reservados à
Editora Belas Letras Ltda.
Rua Coronel Camisão, 167
CEP 95020-420 – Caxias do Sul – RS
www.belasletras.com.br

Dados Internacionais de Catalogação na Fonte (CIP)
Biblioteca Pública Municipal Dr. Demetrio Niederauer
Caxias do Sul, RS

P314s	Patrón, Lau
	71 leões : uma história sobre afeto, dor e renascimento. Lau Patrón. - Caxias do Sul, RS : Belas Letras, 2018.
	248 p.
	ISBN: 978-85-8174-454-4
	1. Maternidade. 2. Crianças especiais. I. Título.
18/75	CDU 159.9-055.26

Catalogação elaborada por
Maria Nair Sodré Monteiro da Cruz CRB-10/904

para todas as pessoas incríveis
que nos deram as mãos
na travessia de tantos rios

para chris baladão
que me fez acreditar
no poder de contar

para a minha mãe
que me deu a vida e a palavra
de presente

para o meu filho
que ilumina
transmuta e cresce
que me trouxe a razão e o amor
de uma vez só
não sei em que ordem

para todas as mulheres
com coragem

todas aquelas que aceitaram suas histórias
com alguma alegria
e para as que continuam tentando

APRESENTAÇÃO

71 Leões **é uma travessia.** Daquelas que criam espasmos. Espasmos de choro, riso, espasmos de reconhecimento. Daquilo que escondíamos de nós mesmos. Lau tem a qualidade, daqueles autores raros, de transpor em palavras sentimentos que antes de ler sentíamos, mas não chegávamos a reconhecer. Por faltar palavra. Ela as encontra. Dá forma, corpo, ao que era aperto, indizível. Lau tem o dom da alquimia, de transmutar dor em sabedoria.

Conheci Lau em 2012, ou melhor, ela me conheceu. Eu lançava o meu primeiro documentário nos cinemas. O filme que me veio em sonho, ELENA, conta a minha busca pela história da minha irmã, que cresceu na clandestinidade, que sonhou em ser atriz de cinema, que caiu num rio de tristeza e feito Ofélia se afogou em emoções. Quando eu era pequena, e Elena já mais velha, morava longe, ela gravava fitas cassete e as mandava pelo correio pra gente. Seis anos depois, Lau me contou que essas fitas a inspiraram no hospital a gravar a própria experiência, quando seu filho foi diagnosticado com uma doença raríssima. E é dessas fitas que nasce este livro.

Hoje agradeço Elena por me levar à Lau. Por me conectar com uma mulher que com apenas 30 anos carrega a potência de ser uma das grandes autoras do nosso tempo. Filha de um pai uruguaio militante e mãe gaúcha, Lau era produtora audiovisual, imagino que por isso seu livro se desenrole como filme. Uma trama psicológica que nos transporta ao frio das paredes de hospital, à indiferença de enfermeiras apressadas, à Lau pequena em frente ao caixão do avô beijando pela primeira vez a morte, à separação dos pais, ao seu primeiro assédio, do qual Lau versa com poesia a inspirar o movimento *me too*: "A vontade de tocar tudo ao redor. Tudo isso cessou de repente. Fiquei sem vontade. E hoje entendo mais sobre aqueles dias. A sensação de ser violada e o silêncio podem mudar os trilhos de uma vida inteira."

Além de feminista, Lau é budista não praticante. No Japão, uma prática budista crescente é levar pessoas para uma travessia na floresta e prepará-las para morrer. No exercício, o monge budista fala que os praticantes foram diagnosticados com câncer e têm apenas três meses de vida. Em seguida, ele os instrui a escrever o que cada um faria com esses três meses. Depois o monge pede para imaginarem que têm apenas um mês, uma semana, e depois 10 minutos. Depois da travessia a maioria diz sentir alegria, uma espécie de iluminação, de amor, de reencontro consigo mesmo e com o mundo. Para os budistas a consciência da morte, da fragilidade do corpo, a intimidade com o sofrimento nos mostra a essência de quem somos e, por isso, nos prepara para viver. O livro de Lau é uma travessia nessa floresta, saímos do outro lado mais vivos. E mais alegres, também.

"Os limites testados sempre tiveram gosto de vida. Conversava com essa árvore como sempre conversei com as conchas nas nossas férias em qualquer praia." "Nada é simples quando envolve duas pessoas." "Nunca sonhei em ser mãe. Nunca achei que levava jeito para ser responsável pela vida de mais alguém." "Alguma coisa não está bem, sinto. Vejo no reflexo de cada ser de branco que entra no quarto, de meia em meia hora, tentando conter algo que não sabem nem o quê. Algo entre o errado e o absurdo." "Estava de pé, mas me sentia estirada no chão. Derrotada por algo muito maior que eu, invencível. De frente com uma verdade contra a qual não tenho argumentos." Suas palavras coletam tanto da essência do ser que dá vontade de juntar tudo, guardar dentro, como num cofre, colado ao peito.

Nessa travessia, Lau e João provaram a ciência errada mil vezes. Essa que dizia que ele iria morrer, que nunca voltaria a falar, que jamais ficaria em pé. "Porque se o cérebro é sagrado, e o meu amor infinito, a palavra *impos-*

sível cai em desuso." Hoje João já tem 6 anos, fica em pé um pouco mais a cada dia, dá gargalhadas e dança muito com Lau.

Esta é uma carta de amor de uma mãe para um filho. E como as melhores cartas de amor, nos ensina muito do que é amar. "Carreguei ele dentro de mim, urrei para que ele viesse. Morri para que ele nascesse e depois renasci para poder ser mãe." "As pessoas separam o sofrimento da felicidade, impossíveis de se tocar. Ou tens um, ou o outro. Na nossa história eles têm um relacionamento sério, conversam e dançam o tempo todo." Lau acumulou com o tempo transportadores de serotonina, que é outro termo para sabedoria. Sabedoria que ela oferece ao leitor agora com toda a sua generosidade.

Petra Costa

1 LEÃO

segunda ~ 14/10/2013

Segunda-feira. São doze horas de um dia típico de primavera. Estamos no mês em que as coisas sempre se alinham pra mim. Algo entre o sol e a sensação de estar viva. Como se estivesse tudo pronto, esperando minhas pernas mexerem. Então me mexo. E sinto florescer um pouco a parte que tenho ainda inteira. É um pouco clichê pensar em florescer na primavera. Mas não somos um pouco de tudo que nos rodeia? Esse inverno foi tão duro.

Às vezes me pego pensando no tanto que a maternidade me suga. Ao mesmo tempo, olho para o João e me sinto tão culpada. Essa rotina de ir para a escola o dia inteiro parece demais para um menino tão pequeno. Nos vemos duas ou três horas por dia. A vida de família em piloto automático. Será que nos conhecemos?

As divisórias aqui na emergência são cortinas azuis, dessas bem levinhas, que demarcam o espaço em quatro leitos. No canto direito, tem uma portinha que dá para o único espaço separado dos demais. Tem um vidrinho na porta e por ele enxergo uma mãe chorando muito, com o filho no colo. Não parece desesperada, tem uma calma estranha no seu semblante. Ela sabe o que está doendo. De vez em quando, olho de novo para ver se ela se acalmou ou surtou, e nada. Continua lá, olhando para ele, e as lágrimas escorrendo. Calmamente.

A continuidade do atendimento do João está demorando e tenho uma reunião importante de tarde. Cliente novo. Projeto interessante. Já perdi quatro ou cinco horas nesse hospital hoje. O médico deve chegar, passar alguma medicação e nos mandar pra casa. Estou tensa. Vai ficar tudo bem.

Mais cedo fiquei impressionada com a quantidade de gente aguardando a fila da emergência. A sala de espera lotada, cadeiras e mais cadeiras, gente escorada nos cantos. Um senhor agonizava sozinho sem conseguir respirar direito. O barulho da inspiração alterada é angustiante. Ninguém fez nada. Na nossa frente um casal jovem, cada um olhando fixamente para o seu celular. Uma mãe claramente passando mal não percebeu quando o filho que a acompanhava começou a juntar pequenos lixos do chão, de baixo das poltronas recém-trocadas, na última reforma do hospital. Quadros horrorosos tentam disfarçar onde estamos, sem sucesso. Potes e mais potes de álcool gel por tudo. Todos entram e encharcam as mãos com medo.

Quando foi que ficamos todos doentes?

– *Alô.*

– *Mãe.*

– *Oi, Preta, já foram atendidos?*

– *Sim, agora. Ele está bem ruinzinho, na última fralda tinha bastante sangue. Estamos em um box da emergência, ele já está medicado.*

– *Bastante? Mas o que é?*

– *Não sei ainda, pode ser infecção. Estou preocupada com a reunião, é cliente novo.*

– *Tu acha que demora aí? Eu posso ir agora.*

– *Tá, então vem e trocamos, acho que ele não sai daqui antes do final da tarde, dá tempo de ir e voltar.*

– *Que horas tu tem que sair?*

– *Às quatro.*

– *Escovo os dentes e saio. Na emergência mesmo?*

– *Isso.*

– *Quer que leve alguma coisa?*

– *Se der compra um pacote de fraldas. E chocolate.*

– *Abusada. Bei.*

CONTROLE: (15/10)

→ 8:00 – SANGUE
→ 10:20 – SANGUE
11:50 – SANGUE (MUITO)
MORFINA PARA DOR (ALEX – TÉCNICO)
→ 13:00 – SANGUE
ELE ESTÁ SEM COMER

DESIDRATAÇÃO?

→ 14:10 – SANGUE
→ 15:15 – SANGUE
→ 16 – SANGUE
CONTINUA SEM ÁGUA   * EXISTE ALGO MAIS FORTE
                             QUE MORFINA?

→ 17:12 – SANGUE
17:30 – SANGUE
18:20 – SANGUE
18:35 – SANGUE
19 HS – SANGUE

MÉDICO PLANTONISTA: VÃO VER ALGO + PARA DOR
VÃO?
DOSE DE MORFINA.
→ 19:20 / 19:50 / 20:05 / 20:40 – SANGUE
ISSO É INFECÇÃO?
MORFINA
          * QUANTOS LITROS DE SANGUE
            CABEM EM UM CORPO?

22:20 / 22:55 – SANGUE
O MÉDICO NÃO VEIO
23:15 / 23:40 – SANGUE
ELE NÃO AGUENTA MAIS.
          00:15 SANGUE.

2 LEÕES

terça ~ 15/10/2013

Abriu uma vaga e saímos da emergência bem cedo, de manhã.

O quarto tem um tom de verde-claro, tipo menta triste, e um só leito. Atrás dele, um painel com tubos e fixações possíveis para coisas que não conheço. Uma luz baixa, esbranquiçada, bate suave na parede, formando uma linha iluminada horizontal. De um lado o sofá-cama duro típico marrom. Do outro, uma poltrona. Na frente, a TV, que faz lembrar um hotel. Bem no centro, deitado na cama, urrando de dor, meu filho.

Alguma coisa não está bem. Sinto. Vejo no reflexo de cada pessoa de branco que entra no quarto, de meia em meia hora, tentando conter algo que não sabem nem o quê. Algo entre o errado e o absurdo. Tem janelas grandes aqui. E uma sacadinha por onde o sol entra de mansinho à tarde. As paredes bem pintadas foram feitas para suportar. Ele não.

Foram necessárias três técnicas, uma enfermeira e um médico para decidir que vamos para a UTI. Já passa das onze e a noite lá fora me dá arrepios, mas aqui dentro tem cheiro de sangue. Precisamos aprontar as coisas rápido. Eles dizem que na UTI não vai caber tudo que trouxemos. Por enquanto só a mãe. Mais nada. A mãe é o suficiente, disseram.

Corremos para esperar para estarmos prontas quando chegasse a hora. Ficamos em silêncio, eu e minha mãe. Penso que hoje é dia quinze e não fiz nenhum pagamento. Penso nos trabalhos pendentes. Penso que tudo fugiu do meu controle. E que os cachorros certamente não comeram. Penso que ele já deve ter perdido mais sangue do que poderia. Penso no fim de todas as coisas.

Técnicos desconhecidos surgem e levam a cama para fora do quarto. A UTI fica no mesmo andar, mas um nível abaixo. Se chega lá por um corredor não muito largo com uma inclinação de uns trinta graus. Branco. Pessoas nos olham. Todos sabem para onde estamos indo. A descida da rampa e os gritos desesperados dele vão ficar para sempre confundidos na minha memória, tenho certeza. Sufoco a cada passo mais baixo. Olho para minha mãe aterrorizada. Sinto uma consciência absurda da vida. Por um fio.

3 LEÕES

quarta ~ 16/10/2013

Aqui não tem nenhum tipo de silêncio. É tão absurdo tudo que me rodeia que decidi escrever. Um diário ridículo para documentar o que acontece. É melhor que falar sozinha, o que não sei se vou parar de fazer.

Demos baixa no hospital no dia quatorze de outubro, mas começou dias antes. Ele teve diarreia depois de usar uma medicação para otite. O João estava bem, disposto, brincando, como sempre. No sábado, acordou abatido e o levamos na emergência. Um médico grosseiro nos atendeu depois de cinco horas de espera. Nem examinou. Nos mandou de volta para casa com uma receita de soro, o filho da puta. Me perguntou se eu sabia o que eram batatas. C A R B O I D R A T O S. Ele soletrou como se fosse uma palavra alienígena. Como se eu já não tivesse tentado de tudo. O peso de ser mãe jovem parece não ir embora nunca.

No outro dia passeamos, ele estava bem melhor, um pouco abatido, mas faceiro. Saímos com a Paula e o Doug, o dia estava lindo. Aquele pôr do sol. Fomos para a Usina do Gasômetro. Eles levaram a Gabi junto, e depois a Ali nos encontrou. Ela levou o coelho de estimação e as crianças ficaram malucas. Hugo. O nome do coelho. O João estava bem. Os olhos mais caídos, mas ele estava bem. Correu muito. Não queria parar. Como se fosse faltar chão no dia seguinte. Comeu pipoca doce, eu deixei. Pulou na cama elástica junto com o último fio de sol que refletia no brilho do cabelo. Mas a segunda-feira mal amanheceu e tinha sangue.

Senti alguma coisa estranha, tipo uma premonição do que ia vir. Corremos para o hospital mais uma vez e daqui não saímos. Ninguém soube dizer o que estava acontecendo. E cada vez saía mais sangue. A frequência foi aumentando. A quantidade também. Ele fazia cara de dor e eu escutava o barulho e já sentia um embrulho no estômago engolindo aquele cheiro de sangue vivo e pensando que merda estava acontecendo e na dor que eu não tinha como aliviar. Cada vez que saía sangue eu queria sair correndo com ele dali. Cada vez que saía sangue uma parte de mim doía, e eu sabia. Eu sabia. Sangue nunca é nada. E ninguém sabia dizer muito. Não sabiam dizer nada.

Ele foi piorando, se esvaindo, com febre alta, com dor. Ele ficava agarrado no travesseiro como se aliviasse alguma coisa, e me olhava e pedia para que eu fizesse passar. Eu não sei fazer passar. Ontem nos trouxeram para a UTI. Já deram trinta e três antibióticos diferentes e nada de efeito. Deve ser castigo por ter tratado tudo sempre com homeopatia. Aqui não decido, nada depende de mim. Falam em infecção, mas se escondem quando pergunto qualquer coisa a mais. Ninguém fala comigo.

4 LEÕES

quinta ~ 17/10/2013

Ontem à tarde começaram a suspeitar de insuficiência renal. Eles acham que o João tem uma doença super-rara chamada SHUa. Pode ter causa genética. Algo do sistema imune. Existe um remédio, mas não no Brasil, estão tentando conseguir com urgência. Não aguento mais ver ele se debatendo de dor. Não consigo nem pensar direito, com esse nó que me deu de tudo, eu só quero que pare.

Semana passada o João voltou da escola faceiro repetindo sem parar o novo aprendizado: um "pare" com a mãozinha. Os dedos esticados no limite. A palma da mão bem aberta. Congelava o Diogo com apenas um gesto. Depois se fazia de distraído e esperava ele se mexer um pouquinho para repetir a ordem certeira, e dar muita risada do pai congelado. Os dois dividem a forma de rir. Ficaram horas nisso. Congela, volta, congela. Volta.

Tudo piorou muito nas últimas horas. Ele parou de falar, não quis mais sair da cama. Nem para o meu colo. Tentei animar, peguei um livro, enchi ele de carinho. Mas nada. Ele se retorcia e se agarrava na grade do leito. Me olhava por alguns instantes. Me buscando, de alguma forma, com aqueles olhos gritando o grito mais duro. Os olhos diminuídos, fazendo um apelo por socorro tão urgente.

Vi que ele estava diferente, chamei milhões de vezes as enfermeiras e ninguém deu a mínima. Ninguém levou a sério. Então umas quatro horas da tarde ele começou a tensionar todo o corpo e revirar os olhos e quando chamei a enfermeira ela mal entrou e já deu um grito chamando ajuda e dizendo que ele estava convulsionando. A médica chegou, olhou o monitor, olhou para a enfermeira, me empurrou para fora do box e disse: *Vamos entubar.* Fechou a porta na minha cara. Assim, sem explicação nenhuma. Fiquei uma hora presa do lado de fora, separada dele, roendo todas as unhas da mão e pensando que porra de gente é essa que não sabe lidar com gente.

Fiquei tentando encontrar referências do que ia acontecer na minha memória. O meu filho lá dentro, sozinho, passando por um procedimento que nem sei o que é. O meu filho, sozinho.

Quando elas abriram a porta ele estava assim. Entubado e sedado. Ainda não consegui ver os olhinhos puxados abertos, nem o sorriso de batata sorriso.

Amanhã ele deve acordar.

5 LEÕES

sexta ~ 18/10/2013

Não escrevi o dia todo. Assustada demais para ler o que penso, meu próprio devaneio desordenado no papel. O João assim, apagado, dormindo há vinte e quatro horas, tão perto e tão longe de mim. Não sei por quanto tempo mais. Me sinto tão pequena o tempo todo aqui, sem entender nada do que está acontecendo. Apavorada esperando por explicações, que não vêm. Acho que a regra por aqui é calar enquanto não sabem. Calar enquanto ele se desfaz, a conta-gotas e do meu lado.

Tudo piora, a cada exame. A função dos rins, o pulmão, o coração. A cada hora algo mais desmorona, o corpo dele tem uma fragilidade assustadora, o meu, uma impotência definitiva. Tudo está parando, ficando em suspenso, congelando o tempo. Os médicos dizem que o estado de coma induzido agora é fundamental. A morte é uma sombra que não sai da parede, mesmo que eu me mexa. É gelado aqui. Como nunca antes.

Um médico resolveu assumir o caso, depois de dias sem nenhum responsável direto. O nome dele também é João. Senti uma ponta de fé em tudo quando soube. Ele foi bastante atencioso e me acalmou. Foi a primeira vez que me senti ouvida por alguém nesse lugar. A pediatra do meu João continua em um congresso na Cochinchina e sabe-se lá quando volta. Espero que logo.

São muitas pessoas em quem confiar. Um desafio astronômico para mim. Em cada um dos três turnos, temos uma técnica de enfermagem diferente. As da manhã e as da tarde repetem a semana toda. As da noite ainda revezam, dia uma, dia outra. Tem também as enfermeiras responsáveis pela UTI, uma por turno, e muitos médicos com uma grade ainda confusa para mim. Na enfermagem, só mulheres, quase nenhum homem. Dentro dos boxes nenhum pai, só mães. Avós. Tias. Pais passam de visita e conversam do lado de fora. Assistem Globo Esporte na salinha de apoio e dizem para quem quiser ouvir que vieram.

Colei as fotos do João em uma das paredes do box. Me enchi de energia pensando em cada um daqueles momentos tão cheios dele, tão cheios de vida e de tudo. Momentos inesperados por mim. O sentimento tão súbito de ser feliz. Me deu uma força enorme lembrar da vida que corre. A sensação de deixar ela correr. Sem pressa ou questionamentos. Sem urgências e medos. Sem ter que se perguntar se é mesmo alegria o nome de tudo isso, porque é. Algumas das fotos eram do Doug, ele tirou no último domingo antes da internação. Estão lindas. Eu e o João andando de mãos dadas. Não tem nada mais exato que isso. Nossas mãos. Nossos passos. Eu e ele. Ele em mim. Quando acordar vai ver. Uma por uma. Vai lembrar de tudo. Vai saber que estive aqui, o tempo todo.

A enfermeira da noite está me olhando esquisito. Estou falando sozinha, sim. Estou falando pra deus ouvir. Para a lua, para o sol, JC, budas, estrelas cadentes. Não tem mais ninguém aqui para conversar.

Ele dorme, profundamente. Será que escuta o que falo?

Lau Patrón atualizou a foto da capa dela.
18 de outubro de 2013

6 LEÕES

sábado ~ 19/10/2013

Fizeram uma tentativa de tirar o João do coma. Foram retirando aos poucos as medicações, que o deixam nesse estado, e ele começou a se mexer, confuso, agitado, com movimentos muito estranhos.

Resolveram voltar com as medicações e fazer uma ressonância magnética. Um cara veio buscar ele há pouco para fazer o exame em um outro lugar do hospital. Não posso ir junto. A técnica pode. Não me conformo em ficar esperando enquanto ele está sozinho com pessoas estranhas. E se ele sentir a minha falta? E se acordar e eu não estiver lá?

Depois do exame, o dia foi silencioso até o final da tarde, quando um especialista de rim veio ver o João, já que os resultados da urina estão cada vez mais alterados, e parece que essa doença SHUa provoca uma falha grave no funcionamento dos rins. Renato, o nome dele. Ele entrou no box e logo se encantou com as fotos, olhou algumas com calma e comentou que tem um filho, um pouco mais velho que o João, que se parece muito com ele. Estava visivelmente emocionado. Pensei em como é bonito ver um médico tocado com gente. Por gente. Ele me explicou mais sobre a doença, disse que é uma possibilidade e pediu vários exames. Explicou também que, em função das alterações graves, vai iniciar hemodiálise no João. Amanhã.

Meu pai chegou hoje do Rio. Acho que a minha mãe deve ter dito algo como *vem já pra cá* em um telefonema qualquer. Meu pai nunca está por perto. Pai de férias. Meu amor por ele é inversamente proporcional aos dias que ele realmente esteve do meu lado. Inversamente proporcional ao pouco apoio para tantas coisas, que já nem lembro mais. Não sei quantos dias vai ficar, mas fiquei aliviada de ter ele aqui. Mais aliviada do que gostaria.

Mãe e pai. Os dois comigo. Faz tanto tempo.

Na UTI, o esquema de pessoas é bem diferente do quarto. Só eu e a minha mãe podemos entrar livremente, em qualquer horário, inclusive para dormir. Mas apenas uma por vez. Era para ser eu e o Diogo, mas ele não tem ficado. Em função de trabalho ele vem pouco aqui. Bem menos do que eu gostaria. Além disso, tem dois horários de visita, de meia hora cada, em que mais duas pessoas podem entrar para ver ele. Meu pai veio para ajudar, mas não sei bem como. Ele chegou bastante gripado e, nesse estado, não tem como ficar com o João, que já está tão fragilizado.

Estou tentando conseguir um crachá a mais de acompanhante, para quando ele melhorar. Faz falta ter mais alguém. Às vezes preciso só pegar um ar, mas se a mãe não está, não consigo deixar ele aqui sozinho. Tenho essa sensação de que de alguma forma ele me sente, sente o entorno, de alguma forma ele sabe. Então, eu fico. Mesmo cansada de todo esse branco. Arde os olhos.

laucpatron

Curtido por **rockangie, nattalbuquerque** e **outras 14 pessoas**
laucpatron Um leão por dia.
Ver 1 comentário

7 LEÕES

domingo ~ 20/10/2013

Estou supernervosa. Parece que amanhã fica pronto o resultado da ressonância. A médica vem só à tarde. O João continua apagado. O tubo fez um machucado na língua dele. Fiquei puta. Porra, ele já está em colapso, em coma, entubado, fazendo diálise, e elas não são capazes de cuidar pelo menos para que ele não se machuque mais? Ontem a técnica da noite trocou os lençóis da cama mexendo nele como se fosse um boneco empalhado. Levantava o braço e soltava sem nenhum cuidado. Mandei pro inferno.

Ele tá vivo, eu disse pra ela. *Ele tá vivo,* eu disse pra mim.

Está chovendo pra caramba, tudo cinza lá fora. Minha mãe foi descansar um pouco em casa. Ainda bem que meu pai veio. De alguma forma isso faz com que ela se sinta mais permitida para sair, desabar lá fora tudo que ela segura aqui, por mim. Ele me traz um café ou um suco especial e resolve coisas que preciso. Está chateado de estar doente, mas começou antibiótico já, semana que vem deve poder entrar para ficar com o João. O Diogo continua trabalhando sem parar, tentando dar conta de tudo lá fora. Sinto a falta dele.

Meu irmão chega amanhã, se liberou e vem. Fiquei imaginando o que ele vai dizer para as pequenas, o porquê da vinda ao Brasil, tão de repente. O dia está tão estranho, queria dormir um pouco, mas não consigo. De noite quis ficar bem acordada por causa da diálise que está sendo feita manualmente pelas técnicas.

A UTI não é um lugar para se dormir. O lugar é todo gelado. As máquinas de todos os pacientes juntas são o ruído mais perturbador que já ouvi.

Alarmes, disparos, lembretes de onde estamos. Um apito pode ser fatal. Um só barulho pode explodir uma enorme movimentação de pessoas de branco. A luz das telas que medem tudo. Respiração, batimento cardíaco, oxigenação no sangue. As telas que nunca se apagam e que não nos deixam esquecer que a qualquer segundo tudo pode mudar. Nada está seguro. Nada é permanente.

Fico olhando os batimentos do João mudando sem parar e o medo me congela. Não tem dia nem noite aqui. No box, só uma cadeira dura para sentar enquanto espero. A vida ou a morte, eu não sei, só espero. Nada mais cabe, além das máquinas imensas e barulhentas que mantêm meu filho por um fio. Vários fios ligados em tomadas comuns, de plástico, iguais às de casa. Não tenho a menor vontade de ir pra minha. Não sem ele.

Preciso dormir, talvez ele acorde amanhã. Talvez tudo mude amanhã. Talvez. Mas não tenho sono. O horário de verão começa nessa madrugada. Minha cabeça não para de pensar em tudo. Vozes e mais vozes. Opiniões controversas e todas minhas. Às vezes tenho a impressão de que sou muitas em mim. Umas sete, pelo menos. A saudade está matando todas nós.

Meu amor.
Quantos dias mais sem olhar nos teus olhos?
Quantos dias mais sem ver teu sorriso?
Sem ouvir a tua voz?

FILHA DA PRIMAVERA

Nasci na primavera de 1988 para ser quase filha única. Minha mãe disse que fazia sol, mas ela estava tão solar que acredito que não lembraria se ele tivesse faltado. Chegava ao mundo um ser que ela tinha desejado profundamente. Toda maternidade é um pouco egoísta. Uma busca por afeto. Criar algo para amar. Somos mães porque queremos isso para nós mesmas, acredito, e, com sorte, daremos para o outro o que ele necessita de verdade. As marcas das nossas histórias são permanentes. Chegaremos à maternidade com todas elas, de um jeito ou de outro.

Meus pais se conheceram anos antes em um cinema de rua chamado Baltimore, em Porto Alegre. Era um filme bom do Bergman, embora nenhum deles lembre qual. Ele, Eduardo, um jovem uruguaio, militante de esquerda, que chegou ao Brasil em 1983 fugindo da ditadura militar. Ela, Ana Luiza, uma jovem professora, cheia de sonhos de um mundo melhor, também militante. La negra, como ele brincava. Ficaram juntos. Dividiram ideais. Amigos. Sonhos, talvez. Um dia ela quis ter um filho. Ele tinha muitas dúvidas. Já era pai de um menino pequeno que tinha ficado no Uruguai – o motivo pelo qual sou quase filha única, o Nico. Acho que meu pai sempre soube que não tinha o suficiente para dar. Se não sabia, intuía. Mas ela insistiu. O desejo de ser mãe tinha força. Tiraram férias em data específica. Viajaram para a praia do Rosa, no litoral de Santa Catarina. Ela engravidou.

Minha mãe diz que sempre soube que era uma menina. Quis que fosse filha da primavera, irmã de todas as flores, libriana, regida por vênus. Queria me chamar de Lorena, mas meu pai quis um nome que funcionasse em espanhol também. Algo como um nome internacional, com cara de dois países e, assim, virei Laura. Imagino quem seria se fosse Lorena, fico tentada a inventar um espírito animal ou algo do tipo.

O trabalho de parto foi muito difícil. Minha mãe virou uma noite inteira no hospital tentando chegar à dilatação necessária. Ela desejava o parto normal e quis tentar até as últimas consequências, quando descobriram que o cordão umbilical estava enrolado no meu pescoço, me sufocando. Eu estava em sofrimento. Não deu. Esses dias ela fez um comentário engraçado, disse que fui muito inteligente naquele dia, *quando tu viu que estava completamente enosada parou de fazer força, pra se salvar.*

Soou familiar. Embora não tenha conseguido reproduzir esse padrão sempre, e às vezes tenha falhado por completo, é estranho pensar que aprendi isso há muito tempo, que talvez essa seja a minha ferramenta mais básica, das coisas que trago na alma: aceitar e resistir. Esperar o momento certo.

Há pouco tempo uma pessoa muito querida me falou sobre fazer do tempo de espera um tempo de nutrição. Tudo é cíclico, o tempo de espera também vai acabar, e o que fizemos com ele? Achei bonito. Pensei muito sobre isso, e escrevo para não esquecer, talvez transformar em mais um dos mantras diários. Então, vim para o mundo através de uma cesárea não desejada às nove horas da manhã. Bem nutrida. Uma libriana com ascendente em Sagitário e lua em Virgem.

Não me lembro muito da minha infância.

Primeiro teve o apartamento da Avenida Farrapos. No décimo terceiro andar. Ele fazia um semicírculo e tinha sacadas em toda a extensão. Várias sacadinhas, quase de mentira. Eram bem estreitas. Morávamos eu, minha mãe e meu pai. Lembro de girar e girar e girar pela sala dançando "Mariposa Tecknicolor", como se esquecesse que tinha corpo. Eu flutuando em mim, eu como uma roupa.

Tinha uma coluna no meio da sala feita de pedras, e eu fantasiava histórias e aventuras e escaladas. O banheiro era de azulejo preto e verde-claro, disso me lembro bem. Tinha uma banheira dessas antigas onde vi algumas vezes a minha mãe tentar descansar. Lembro de dias monótonos, o barulho da máquina de lavar estridente e de um armário embutido, e sem sentido, que tinha no canto do meu quarto. Ele era estreito e com prateleiras, e se tornou, com alguma facilidade, um prédio para bonecas. De vez em quando, pegava no sono no colo da minha mãe no sofá da sala por gosto, era o momento que tinha com ela. Depois veio o Sark, o meu primeiro beagle, e diminuiu muito a monotonia. Não me sentia tão só.

Esse apartamento vivia cheio de gente. Meus pais tinham virado um ponto seguro em Porto Alegre, para companheiros militantes vindos do Uruguai, Chile, Argentina. Famílias latino-americanas e nem sempre completas, algumas com as perdas de mãos dadas. Todas, de alguma forma. Eles ficavam na nossa casa, dormiam nas nossas camas, comiam nossa comida. Às vezes contavam. Às vezes calavam. Não entendia muito, mas me interessava por aquelas pessoas.

Lembro que, com duas almofadas grandes do encosto do sofá e duas poltronas, fazia um barco. Brincava de salvar pessoas pelo caminho e levava os recém-chegados para navegar. Líderes Tupamaros e sindicalistas importantes na época passaram por lá. Um deles seria meu herói da infância com as histórias fantásticas que contava. Arturo, das saudades que me deixaram nome. Outro se tornaria o presidente do Uruguai e um grande líder reconhecido no mundo, mas que continua igualzinho, do jeito que me lembro. Outros tantos que não me marcaram, mas mantinham a casa cheia. Talvez por isso, quando não tinha ninguém lá, eu aproveitava. Para girar.

Depois desse apartamento, moramos em uma casa enorme, na Cristóvão Colombo. Meus pais tinham um grupo muito maluco de amigos. Bons malucos. A coisa lá em casa era um tumulto bonito regado a vinho e rock. Eu assistia a casais se agarrando no banheiro, um intruso vomitando no balde na despensa, um adulto chorando deitado na minha cama, um casado passando a mão na bunda de uma solteira enquanto a mulher dele olhava fixamente para o meu pai. As crianças enxergam tudo, em uma perspectiva bastante favorável para revelar o que os adultos não desejam.

O padrão da minha mãe era dançar e cantar, bem solta, receber as pessoas com aquele abraço aberto. Meu pai, sempre fumando um Marlboro da caixa vermelha concentrado em uma conversa séria, com uma melancolia no fundo dos olhos que ele nunca perdeu. Às vezes um tio me tirava para dançar, às vezes alguém se dava conta de que eu estava ali.

Lembro que seguido inventava uma peça de teatro para apresentar no meio da festa dos adultos. Escalava o elenco infantojuvenil sem que soubessem, arrastava os atores para um ensaio geral e depois interrompia a farra de todos para mostrar nossa criação. Acho que fazia só de sacanagem. Só para obrigá-los a parar um pouco e olhar para nós, seus filhos. Eles ficavam lá, meio bêbados, sentados, tentando se concentrar na nossa obra-prima.

———

No grupo das crianças, tinha um menino mais velho. Ele não participava das minhas loucuras e normalmente ficava mais entre os adultos. Devia ter uns cinco anos mais do que eu, era filho de um casal muito próximo dos meus pais, e tinha uma irmã menor, que era minha amiga. Um dia a festa não foi lá em casa. Meus pais me deixaram na casa desse casal, para dormir com a minha amiga, nós duas sob os cuidados do irmão mais velho, enquanto todos os adultos iam para a festa. Eu tinha nove anos. Comemos pipocas, vimos um desenho, brincamos com bonecas e lego. Vesti meu pijama que imitava o uniforme da seleção brasileira (a copa do mundo de 1998 tinha recém terminado). Dormi, tranquila.

Acordei assustada sentindo uma mão me tocar. Não compreendia nada, mas entendi a sensação de perigo. Movimentei o corpo para me livrar daquela mão e fingi dormir. A mão voltou, violenta, insistente e forte. Pulei da cama e corri para o banheiro, contando que lá teria uma chave para me proteger. Tinha. Comecei a fingir que estava vomitando – técnica aprendida um ano antes para não ir para a escola em dias de preguiça. Ele veio, insistiu para que eu abrisse, oscilou entre uma voz preocupada e outra ameaçadora, mas eu bati pé que não sairia dali até meus pais chegarem. Não foi a primeira vez que me senti vulnerável, mas foi a primeira vez que fui violentada.

Uns anos antes, quando estava na primeira série, cheguei em casa chateada porque os meninos passavam a mão na bunda das meninas por baixo da saia do uniforme. Nenhuma menina mostrava incômodo, eu não me conformava. Meu pai disse: *Sempre que um homem te fizer sentir ameaçada, reage.* Perguntei o que podia fazer e ele respondeu, *fecha a mão e bate.* Na semana seguinte eu quebrei o nariz de um colega.

Meu pai brinca até hoje que não deveria ter me dado esse conselho, não por causa do nariz do Kelvin, que obviamente ele não imaginava que ia ser quebrado, mas porque passei a reagir com todos os homens, de diferentes formas. Nunca mais quebrei um nariz, mas sempre tive que me defender sozinha. Demorei anos para conseguir falar do abuso naquela noite que eles saíram. O que esse dia tirou de mim ainda dói. Apesar de tudo, sou muito agradecida pelo que o meu pai me deu há tantos anos: o direito de reagir. A noção clara de que se não me posicionar por mim, ninguém vai. O direito de falar, de ter vontade própria e clareza da minha força. Inclusive, com ele.

Nessa época, vivia um vulcão criativo por dentro. E ele cessou. Eu era uma menina alegre e sonhadora que adorava inventar histórias. Devorava a biblioteca da minha mãe procurando por ela nas páginas dos livros. Dessa casa, que é quase outra vida, me lembro do cheiro. E de algumas coisas que vão estar para sempre dentro de mim. A goiabeira no pátio de concreto, os troncos largos e claros, que às vezes descascavam. Um deles fazia quase um L e me dava chance de chegar em todos os demais. Os limites testados sempre tiveram gosto de vida. Conversava com essa árvore como sempre conversei com as conchas nas nossas férias em qualquer praia. Lembro das bromélias do jardim de inverno.

Eram muitas. Tinha uma fonte tão linda que não funcionava mais e me dava uma sensação de saudade de um tempo que nunca vivi. As aulas de teatro de uma professora que me deixou transformar as histórias que inventava para brincar em peças de verdade. O piano que ficava na sala da lareira. Os meus dedos no piano. A vontade de tocar tudo ao redor. Tudo isso cessou de repente. E hoje entendo mais sobre aqueles dias. A sensação de ser violada e o silêncio podem mudar os trilhos de uma vida inteira.

———

Meu pai era livre, forte, dizia o que queria. Minha mãe era a ordem de tudo, o equilíbrio das coisas. Hoje sei que foi um esquema familiar que a deixou nesse papel, como tantas outras mulheres. Lamento muito não ter entendido isso na época. Ela era essa mulher apaixonada, presa em um casamento sonhado que virou uma relação tóxica, barulhenta e cheia de ausências. A mulher maravilhosa que dançava pela sala de olhos fechados, que me deu o mundo das palavras, que estava sempre preocupada com todos. Doce. Inteligente e veloz nos argumentos. Calada, quando oprimida.

Vesti a maturidade que não tinha e fui exageradamente solidária durante o processo de separação dos dois. Fingi não me importar com a perda da casa e tudo que conhecia como meu, fingi não sentir medo de como seria daquele momento em diante. Lembro que no meio disso tudo teve uma virada de ano, ela, esperançosa em alguma coisa que nem sabia o quê, acreditava que passaríamos juntos. Eu também. Dois dias antes encontrei minha mãe chorando pela casa, tentando me dizer de forma generosa e sem julgamentos que meu pai tinha decidido viajar sozinho. Ele nem se despediu de mim.

Nos mudamos antes, eu e ela. Quase todos os móveis foram com a gente para um apartamento que se entristeceu com a nossa chegada. O espaço era muito menor e o piano jamais seria tocado. Meu pai ficou uma última noite sozinho na casa e não aguentou o vazio de tudo tão escancarado. Fugiu para a rua, encontrou amigos e voltou só no outro dia de manhã quando o portão já estava quebrado. Roubaram tudo o que restava de nós. As torneiras e canos foram arrancados à força. Alguém com raiva, que destruía para nunca mais lembrar. Podia ter sido eu.

Roubaram as louças, um tapete, detalhes esquecidos, papéis rabiscados, pedaços invisíveis do que fomos. No quarto, ao lado de um colchão onde ele pretendia ter dormido, estavam duas caixas grandes onde cabiam todas as nossas memórias de quando a vida era em três. Fotografias reveladas, filmes que nunca mais revelariam nada, fitas cassete da minha construção como gente. Perdi o meu avô nas últimas férias antes de morrer. E as corridas com meu irmão. Perdi meus dedos que deslizavam no piano em apresentações tímidas. Meus teatros e devaneios. O Sark crescendo, meus aniversários, os natais de mesa bonita, um pouco do meu pai, muito da minha mãe. Nunca mais me senti em casa. Não antes de o João chegar.

———

Depois que meu pai foi embora, torturei minha mãe com a culpa que ela não tinha, mas já carregava. A mulher sempre carrega. Acha que foi menos do que deveria, ou mais do que se esperava. Pensa que podia ter reclamado menos, pedido menos pra que ele fosse se tratar em uma terapia e parasse de quebrar coisas pela casa. Deveria ter pedido menos vezes para ele parar de gritar, de ofender. Ter esperado menos companheirismo do homem, que sempre tem motivos para dar menos, afinal. Era tanta briga entre nós duas na minha adolescência, e ela estava tão acabada que se ausentou. Ficou doente. Se escondeu em relacionamentos e trabalhos. Me deixou bater cabeça sozinha. E decidir muitas coisas também. Ela faltou. Erramos.

Essa foi uma fase em que estive muito com meus avós maternos, Izolina e Gabriel. Eles foram um porto seguro para mim e um pedido de socorro para a minha mãe. Desempenharam a função de pai e mãe em paralelo com ela. Meu avô sempre me disse: *Tu és uma estrela. Tu não nasceste para brilhar, tu simplesmente brilhas.* E, nos momentos mais difíceis, de maior rebeldia, ele me dizia: *Nunca esqueças quem tu és.* Isso sempre me fez voltar.

Eu saí da casa da minha mãe com dezoito anos, em meio a uma briga absurda em que verbalizamos coisas horríveis uma para a outra. Coisas que nunca deveríamos ter dito. Fui embora me sentindo abandonada. Ela ficou se sentindo ferida. Nos acusamos por meses sobre quem era a culpada. E de repente nada disso importa. Ela está aqui. Voltou, de alguma forma. No tempo dela. E no meu.

———

A vida do João trouxe com ele porções de clareza que me chegam de tempos em tempos nos ouvidos. Mansas e quase nunca fáceis. Respostas sobre mim mesma e o que veio antes. O mesmo tempo que me trouxe para perto a minha mãe, com disponibilidade e abertura para recomeçar, foi o mesmo tempo que deixou claras as pontes que desenhei sozinha para disfarçar a distância com o meu pai.

Fico rebobinando a história dele, para tentar entender o nosso quebra-cabeça, tão quebrado. O Nico devia ter um ano e pouco quando o nosso pai veio para o Brasil, já separado da mãe dele, a Pilar. Lembro de uma fase grande em que ele passava as férias com a gente. Normalmente íamos para Santa Catarina, brincar de família feliz por um mês. A gente era feliz naqueles dias. De verdade. Mas acabava.

A fase que tenho mais nítida é de uns anos seguidos que fomos para Pinheira. Alugávamos um chalé de uma pousada, sempre a mesma. Ficava muito próximo da praia. Era lindo. Eu era livre. Lembro de nos sacanearmos o tempo todo. Isso é uma coisa que fala sobre nós três, e que a minha mãe jura ser do sangue: o bom humor afiado. Acho que é como nos abraçamos, na falta de alguma outra forma de afeto. É a nossa língua em comum. O Nico jogava água fria pela janela enquanto eu tomava banho quente. Ríamos muito juntos.

Lembro da relação, que já era difícil, dele com o nosso pai. Meu irmão me defendia sempre das fúrias inesperadas dele. *Con la chiquita no.* Lembro de me sentir amada. Mas também um estranho desconforto no ar, porque as nossas vidas eram muito diferentes. E eu era a privilegiada em muitos sentidos.

Essa memória de convivência dura até meus oito ou nove anos. Depois os dois brigaram e passou um longo e importante período, para mim e para o Nico, em que não tínhamos nenhum contato. Nada. Eu cresci. Ele cresceu. Distantes dos olhos um do outro. E essa lacuna virou um vão enorme, nunca mais conseguimos nos conectar. Fui uma adolescente mimada e rebelde. Ele um quase adulto, politizado, envolvido em mil movimentos coletivos, voluntário de viagens para Cuba para trabalhar nas plantações de cana-de-açúcar. De verdade. Tenho marcado isso. Eu pensando em unhas feitas, e o Nico com mãos calejadas de trabalho voluntário. E a mesma cara cerrada do meu pai. O tempo o deixou igualzinho a ele. Igual a tudo do que fugiu. Para o meu pai, eu era a filha próxima que deu errado. Meu irmão, o filho distante que deu certo, e de quem ele tinha muito orgulho. Melhorei com o tempo, amadureci, mas ficou sempre marcada para mim essa diferença, esse orgulho que nunca teria do meu pai, porque nada do que fizesse chegaria perto do Nico. Ele, por outro lado, sempre sentiu que o amor que eu ganhava nunca seria dele. Nos desencontramos. Nos perdemos. Os três, em alguns momentos.

Depois veio a Ema. E a Ema foi das coisas mais absurdas que já senti. Não acompanhei a gravidez da companheira do Nico, não estive por perto no processo, mas quando nos conhecemos, estávamos conectadas no primeiro segundo. Aquele pedacinho de gente em que me reconhecia tanto. Sempre achei ela parecida comigo, e cada vez acho mais. Um dia, em uma mesa cheia de pessoas, todos jantando, ela se levantou em uma cadeira, com dois aninhos no máximo, e apontou para o meu pai, sem dizer nada. Depois passou os olhos por todos da mesa, pensativa, e com calma apontou para o meu irmão. Mais uma vez com os olhos em todos, ela observou, e apontou pra mim, com uma precisão no olhar e aquele meio sorriso. A Ema sempre soube quem nós éramos. Em quem seu sangue corria. Com ela começou uma nova fase para todos, de mais encontros, de confirmação de laços, mesmo que desajeitados. Mesmo que movidos pelos *pequeños* e só.

O milagre Ema também foi responsável por meu pai parar de fumar definitivamente, depois de uma sequência de tumores e brigas gigantes, que jamais foram motivo suficiente para a decisão. No ano em que a Ema nasceu, fui visitar ele no Rio, no meu aniversário. Estávamos jantando quando perguntei do cigarro, sabendo o que ia causar. Desde que me entendo por gente sou a maior combatente da causa. Escondia maços, jogava na privada e deixava para ele ver, rasgava cigarros, perseguia ele quando se escondia para fumar. Ele estava dando uma garfada quando perguntei, mudou o movimento, soltou a comida e disse estar tentando. A mulher dele riu e falou: *tentando?* Se levantou da mesa incomodada para pegar mais vinho e fugir do que ia vir. Não estávamos muito bem na época e explodi:

– *Escuta, se tu quer te matar por que não te atira logo daqui? Por que nos carrega contigo nessa angústia sem fim de te assistir te matando aos poucos? Quer todos nós aos teus pés implorando pra que tu viva. Quer saber? Faz o que tu quiser. Se a tua vida não tem nada de bom pra fazer valer a pena, te mata. Se teus dois filhos não valem a pena, se a Tana não vale a pena, se teus amigos e nem nada faz sentido pra ti. Desisto. Tu já me fez viver demais essa dor, esse medo de te perder, essa sensação de não ser motivo suficiente pra ti. Eu já te tive pouco, agora tanto faz. Me dói pela Ema, que vai te perder tão cedo, e nem vai lembrar que teve avô.*

Foi horrível. Eu fui. Mas ele parou de fumar nos meses seguintes. Em definitivo. Anos depois vieram na sequência, com um mês de diferença entre cada um, os nascimentos do João e da Matilde. A trinca do vovô Lalo. Um avô carinhoso quando consegue estar. Com uma energia muito melhor do que ele nos deu como pai. Gosto de acreditar que a vida tem disso. De se recuperar no caminho. De aprender com a dor que sentimos e que causamos, durante, e não depois. De novas chances. Essas compensações. Do tempo como o espaço para nos conhecermos. Tempo para o amor encontrar fluidez. Para dar para um neto aquilo que não foi capaz de dar para um filho.

Todos esses universos intensos, as relações e as memórias, se chocaram mais uma vez dentro daquele hospital. Como se o João tivesse nos feito um chamado, dado um espaço para nos movimentarmos de novo, com uma proibição do silêncio. Com uma urgência para os encontros.

8 LEÕES

segunda ~ 21/10/2013

Não ia escrever nada, mas acho que preciso. São dez e meia da noite. Fiquei a tarde toda dentro do box com o João, esperando a médica e o resultado da ressonância. Não saí nem para fazer xixi. Ela chegou pelas três, me deu oi na passada. Uma meia hora depois o doutor João veio até a porta e me perguntou se a minha mãe estava no hospital. Fiz que sim com a cabeça e senti um arrepio subir entre as costelas. Depois foi a vez da neurologista, chegou perto da porta e perguntou se meu marido, mãe, pai, papagaio ou alguém estava por perto. Disse que já iam vir.

Me lembrei do médico da emergência me perguntando se eu sabia o que eram batatas. Eu sei o que são batatas, e dou conta do que quer que seja. Fui até a porta e chamei o doutor. Ele me olhou. Falei: estou a tarde toda esperando o resultado, não preciso de mais ninguém. Os dois entraram. Li a cara deles. Os médicos acham que sabem disfarçar. Não sabem nada. A chuva apertou lá fora. Chuva de pingos grossos que batiam no telhado do prédio ao lado, fazendo muito barulho. Fechei a janela. *O dia tá superescuro, parece que já é noite,* eu disse. Acendi uma meia-luz próxima à parede em que colamos as fotos do João. Fotos felizes, do João inteiro.

Um AVC. Isquêmico. Grande. Em uma área complicada.

Certamente motivo pelo qual ele fez movimentos tão estranhos na primeira tentativa de sair do coma.

Mantive a respiração ritmada. Mantive a direção racional do corpo. Senti lágrimas silenciosas escorrendo pelo rosto. Nenhum outro sintoma de choro. Só dor.

– Qual a gravidade?

– Grande.

– Risco de vida?

– Iminente. As próximas quarenta e oito horas serão definitivas, Laura.

Minha tia entrou no box. Olhou pra mim, para os médicos, ficou branca. Saí da UTI, com o celular dela. Nem sei como foi parar na minha mão. Ligo para a minha mãe. Ela está no trânsito e eu peço: *por favor mãe, vem logo.* Ela me sente. Como sinto o João. Ligo para o meu pai, merda, ele foi buscar meu irmão no aeroporto:

– Pai, volta para o hospital, rápido, urgente, JÁ.

Eu estava sozinha aqui. Ligo para o Diogo:

– Onde tu tá?

– Esperando o elevador.

Me segurei em um corrimão e deslizei até meus joelhos tocarem o chão. O chão parecia o lugar mais seguro para estar. Devo ter ficado alguns minutos ali. Saí do transe com o Diogo gritando no corredor, desesperado, se despedaçando com uma violência aterrorizante. Escutei o choro baixo da minha mãe mais ao fundo e corri. Nossos corpos se encontraram tão fracos e ainda firmes. Pedi: *segura essa comigo, mãe.*

Agarrada nela, em meio ao turbilhão, no anúncio da nossa tragédia particular, escutei:

– Até o fim, meu amor.

Meu pai chegou, meu irmão chegou, meus dindos, primos, minha psicóloga, algumas amigas, a família do Diogo. Não me lembro direito. Todos vieram, mesmo com chuva. Alguém disse que a cidade estava toda alagada, imersa em água. Pelo menos o céu sabe chorar o que dói, pensei.

Um AVC. Repeti essa palavra vinte e sete vezes, tentando digerir. Tentando traduzir o que ela significa. O que ela vai significar pra nós. Pensando em que momento exato isso aconteceu. Será que foi no dia da convulsão, que algo me dizia que estava acontecendo, mas ninguém ouvia? Será que foi depois, já em coma? Será que estava do lado dele? Ou foi na hora que fui tomar café, ou resolver algo desnecessário dessa vida medíocre que não vale nada sem ele aqui? Estou muito exausta e não tenho sono. Preciso ficar de vigília. Quarenta e oito horas podem ser tudo que temos. Preciso tocar nele para me sentir viva. Me sentir viva para acreditar.

O coração tá pulsando. Tá pulsando.

9 LEÕES

terça ~ 22/10/2013

Terça-feira. Acabei de perguntar. Tem dias aqui que parecem semanas inteiras, outros, algumas horas corridas. É um outro tempo, que não funciona na lógica matemática. Preciso resolver coisas de trabalho. Fiquei uma semana fora e tudo está acumulando. Tenho fugido das explicações para os clientes. Em parte, porque parecia que poderia voltar tudo pro lugar. Até ontem. Vivo uma bolha aqui e a sensação é que explicar para alguém do lado de lá pode fazer a bolha estourar, virar uma realidade descoberta, ainda mais real do que isso que sinto agora.

Estava tão feliz com esse final de ano da produtora. Cheio de trabalhos. Projetei tudo com tanto carinho, me sentindo cada vez mais capaz nessa aventura de criar. Tudo perdeu a importância. Me sinto amarrada a responsabilidades não desejadas, queria mandar tudo pro inferno. Foda-se tua propaganda. Teu dinheiro. Não me importa se teu vídeo de final de ano ficar uma bosta. O meu filho está morrendo. Não consigo pensar em mais nada.

Não, Laura, ele não vai morrer. Dizem as máquinas barulhentas que funcionam sem parar porque não são humanas.

Tranquei a faculdade, por telefone mesmo. Vou ter que ir lá assinar alguma coisa, mas não hoje. Não amanhã. Estava segurando essa decisão, mas agora o tamanho disso tudo ficou mais claro pra mim. Não vamos sair tão cedo daqui. Não vamos sair os mesmos.

Tive uma conversa com o Diogo no final da tarde. Decidimos que vou ficar com o João no hospital e ele vai tocar os projetos que conseguir. Eu não tenho condições de ficar fora. Ele não tem condições de ficar dentro.

Estamos batalhando para o remédio chegar. Preenchi mil papéis e formulários, assinaturas, perguntas, números de documentos, órgãos emissores. Como pode a vida depender de tanta burocracia?

Hoje ele fez um pouquinho de xixi. Ao natural. Os médicos disseram para não comemorarmos nada. Que pode ser um evento isolado, que precisam avaliar ainda. Mesmo assim, senti uma pontadinha de boa sorte. Assim, um dia depois de sabermos do AVC, um carinho no meu coração. Um aviso do universo: ele volta.

Na equipe do Dr. João tem dois médicos, o Dr. Luciano e o Dr. Ari. Eles se revezam nos dias e turnos. Cada um com seu jeito, todos grandes médicos. Dr. Luciano é mais duro, direto. Dr. Ari mais calmo e suave. E o Dr. João é o cara que parece movimentar tudo ao redor. Fora da equipe, também tem a Dra. Adri. Ela tem uma doçura que esconde, mas vejo a força no fundo do olho. Eles e o Dr. Renato são os médicos diretamente ligados ao João, nesse momento.

Aos poucos me acostumo com tantos nomes e formas de lidar. Me acostumo com máquinas e exames, taxas que não entendo mas preciso explicar, o troca-troca das técnicas, a rigidez das enfermeiras, a comida fria sem gosto, os dias sem sol, a fila do banheiro, o medo constante, o branco que predomina, a falta de sono, a falta de tudo, o cheiro de álcool gel, os fios, a cadeira dura, as noites intermináveis, o mundo todo daqui. Só não me acostumo com os olhos fechados do João. Dr. Luciano comentou ontem como é impressionante perceber ele batalhando para ficar vivo em cada exame. O coração em tentativas visíveis de recuperação, o esforço que se nota a cada novo laudo. É nisso que escolho pensar enquanto tento dormir.

Continua, meu amor.

10 LEÕES

quarta ~ 23/10 /2013

Filho,

Não vai ainda, não está na hora. Quem sou eu pra falar a hora das coisas. Ninguém. Não sou nada perto da imensidão desse universo, leis invisíveis e destinos. Se faz chuva ou sol: nada. Se a água cai onde chamam, se as flores nascem fora de hora ou o mar te espera verde. Não sou nada perto de ti. Tão intenso. Imenso. Sempre foi. Mas hoje me deu essa vontade de te dizer que não é a hora. Talvez seja importante que tu saibas uma coisa sobre mim. Respeito o tempo das palavras. Das escritas e das faladas. Respeito o tempo do perdão. O tempo do adeus e o do novo passo. Eu respeito o tempo. Tento não apressar nada, deixo vir. A sensação exata de quando a palavra é, antes mesmo de ser. Não foi uma vontade desesperada. Foi uma certeza tranquila que chegou, entende? Não vai ainda. Fico tentando voltar no tempo pra te desvendar. Perceber pequenos detalhes em ti que sempre disseram muito sobre essa força que agora aparece tão bruta. Ninguém acredita em mais um dia, mas no seguinte aqui tu estás. Comigo. A vida em ti pulsa. Visivelmente. E tem cheiro bom. E gosto de luz. Teus órgãos respondem, brigam por mais um pouco de tempo, teu corpo se reorganiza a cada golpe. Respiro a tua coragem em volta dessa cama. Penso que esse tanto de vida sempre esteve em ti, sempre corajoso e desbravador. Curioso. Questionador. Tu tiravas flores do jardim, com cuidado, para tentar plantar em terra seca. Tu acreditavas na vida na terra seca, apesar de tudo. E molhavas o mundo ao teu redor. Tudo em ti é tão forte. Gosto de imaginar que aquilo que vivemos juntos ficou guardado em um baú, uma caixinha secreta que só tu conheces. Uma reserva que te dá motivos para continuar tentando. Já te imagino me perguntando. Quando é o final, mamãe? E eu não sei, filho. Mas não tá na hora. Lembrei do dia em que tu conheceste o mar. Tu tinhas dez meses, te levei até perto da água, te coloquei na areia e esperei. Esperava teu pedido para voltar para o colo no instante em que viste a primeira onda arrebentar mais pertinho. Esperava que tu me agarrasses as pernas com decisão, que chamasses pela tua mãe. Mas não, teu assombro com aquela imensidão foi tão brutal, tu correste com tanta velocidade para dentro do mar, de encontro com todas as ondas, que mal consegui te segurar. Terminamos dentro da água, com sorrisos largos atrapalhados. Tu no teu encantamento de tudo, eu com a certeza do quanto somos muito um do outro. Não está na hora, vida. Ainda não. Tem muito mar bem na nossa frente.

Contigo, sempre.

Lau Patrón atualizou a foto do perfil dela.
23 de outubro de 2013

11 LEÕES
quinta ~ 24/10/2013

O remédio chegou. O laboratório já tinha autorizado o uso, mas ia demorar demais para conseguirem entregar. Uma moça portadora de SHUa que mora no interior se ofereceu para trazer dois frascos emprestados para que o João recebesse com urgência. Amei a alma dela no minuto em que soube. Amei os pais dela. O cachorro. E tudo que a deixa feliz.

Ela e o marido chegaram no começo da tarde em Porto Alegre. Estava acompanhando o João em mais um exame neurológico, então quem pegou os frascos com eles foi a minha mãe.

Acho que não existiria pessoa melhor que ela para expressar a nossa gratidão. Aquele abraço aberto, as lágrimas frouxas, o sorriso sempre pronto e imenso. Tão diferente de mim. Acho que sempre me pareci mais com meu pai. A simpatia extrema dela me irritava. Senti ciúmes, algumas vezes. E outras, uma agonia de não conseguir ser parecida com ela. Tão fechada, desde pequena. Tímida. Minha mãe sempre foi um mundo inteiro. Mas agora o remédio chegou e a fé bate na porta com vontade. Talvez o João tenha me levado mais pra perto dela, depois de tempos distantes. Talvez João tenha trazido ela de volta. E me feito decifrar esse mundo inteiro que uma mãe sabe ser. Como viver tudo isso aqui tem sido uma questão de escolha. Nem sempre consciente, ainda assim escolha. Às vezes fico muito confusa em meio a tantos laços enosados.

Tenho que assinar papéis que dizem que estou ciente dos riscos de tal medicação, procedimento, cirurgia, etc. Não estou ciente. E mesmo que leia e releia tudo que pode acontecer, não tenho opção. É tão cruel que se faça uma mãe assinar que está ciente que seu filho pode morrer recebendo a única medicação que pode salvá-lo. Assinado com o meu nome, com o útero onde o João foi gerado, com o sangue que corre nele, com o meu amor que faria de tudo para tirá-lo daqui.

A pediatra do João finalmente voltou do congresso. Veio ver ele, e se reunir com os médicos da UTI. Depois nos chamou. Ela disse que o João está morrendo, que é muito difícil reverter o quadro. Perguntou se gostaríamos de chamar um padre. O Diogo tentou se segurar, mas o choro correu. Ele está muito sensível a tudo. Às vezes sinto que perdi ele nos primeiros dias no hospital. Ele está lá ainda, em algum lugar, imerso em tudo isso, tentando processar.

Ele não morreu ainda, disse pra ela. Ele não morreu ainda, e isso significa uma série de coisas e pequenas porcentagens que não vou esquecer que existem porque essa é a minha escolha e ninguém pode me negar. Ele não morreu ainda e isso levanta uma infinidade de questões, como não precisar de um padre para uma criança não morta. Ele não morreu ainda e a não morte deixa espaço para tantos destinos que ainda não estão bem claros, mas enquanto aquele coração pulsar absolutamente ninguém vai me convencer de que ele vai parar, ou que precisa de um padre. E eu sou budista não praticante, *by the way.*

Quando ela saiu, afundei em uma poltrona abandonada no corredor. Talvez a poltrona que existia no nosso box, antes das sete máquinas que agora habitam o espaço tomarem conta de todos os centímetros de chão. Minha mãe ensaiou dizer alguma coisa, mas desistiu. Fechei os olhos. Imaginei o coração do João. Um bicho cansado, mas lá. Aquela musculatura potente. O corpo forte. O impulso vital de defesa. De permanecer vivo. A força da continuidade. Contrai. Expande. Contrai. Expande.

Tirem padres e piedades de perto de mim. Ele ainda não morreu.

laucpatron

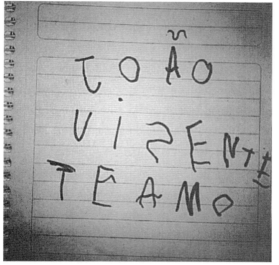

Curtido por **danielabbrenner, gisellequerottichen** e **outras 3 pessoas**

laucpatron Recado da prima Ema, 4 anos.

24 DE OUTUBRO DE 2013

12 LEÕES

sexta ~ 25/10/2013

Estou desesperada. Não tenho com quem falar, sozinha aqui, prestes a surtar. Tenho a impressão de que as minhas memórias do João estão indo embora, se desfazendo, se diluindo nesse lugar horroroso. Já não consigo acessar o sorriso com a mesma facilidade e me custa lembrar dele brincando na sala. Não fosse o bastante essa loucura toda, perder ele aqui dentro de mim é tão injusto. Sobrepor todas as nossas manhãs de domingo por essa prisão, onde tanto faz se os dias têm sol ou chuva, onde tudo sempre parece igual, onde ele não se move. Ele não se move. Vontade de quebrar tudo, pegar ele no colo e sair correndo. Vamos nos esconder embaixo da nossa coberta, deitar no mesmo travesseiro e ele vai me olhar com aquela carinha de não sou tu, mas sou tua metade, tuas entranhas, teu fruto. Imensamente conectados, o mundo seria só nosso de novo. Ninguém nos encontraria, nada viria nos perturbar. E pularíamos no colchão e jogaríamos almofadas e dançaríamos "Hit The Road Jack" e tudo ficaria bem.

Acorda, vamos embora, por favor.

Ele não acorda. Não posso deixar as lembranças irem embora. Não posso perder mais.

Lembro do João acordando cedo de manhã, ele saía bem devagarinho da cama, para que eu não visse. Mas acordava na mesma hora. Deixava ele ir. Ele ia até a sala, acho que para ver a casa vazia. Voltava para o quarto, se aproximava do meu rosto e fazia carinho. "Mamã", ele sussurrava. Não queria acordar ninguém mais. Quando abria meus olhos ele logo me estendia a mão e me levava até a sala para brincarmos de alguma coisa. Às vezes ele não vinha me chamar. Depois de um minuto, eu ia até a sala ver o que ele estava fazendo e encontrava ele sentado na beirada do sofá, parado, me esperando. Gosto de acreditar que ele queria me deixar dormir mais um pouco. Uma espécie de compensação pelos primeiros seis meses de cólicas.

Lembro que em nossas brincadeiras eu fingia que tinha perdido ele de vista na sala e perguntava alto: *o João está aqui?* Ele parava na minha frente me olhando e fazia que não com o dedo. Jurava que podia ficar invisível. E quando ele queria ir até o pátio dos fundos. Descia correndo o declive da garagem e eu ia atrás. Ficava dando volta no carro para que não o pegasse. Por horas, até desistir. Nunca foi fácil fazer ele desistir de alguma coisa.

Lembro dele chamando o Hashi e a Tekila, "au-au" ele dizia bem alto. Os dois vinham correndo e derrubavam ele no chão. Ele dava muita risada. Às vezes quando estávamos vendo um filme ele gritava do nada, só para ouvir a própria voz, como que querendo se certificar de que ainda era real, que não tinha entrado para dentro da história.

Andando de motoca pela casa. Dançando com a avó. Cantarolando pelos cantos. Arrancando folhas da árvore para plantar na areia. Imitando os sons dos animais. A ovelha parecia um cavalo. Sempre me fazia rir. Brincando de cozinhar com a bisa, tirando todas as cebolas do lugar. Dando beijo no meu nariz. Abraçando todo mundo. Dividindo o saco de pipoca com a festa inteira, sem eu ter dito nada. Chamando o pai, bem alto. Quarenta vezes por dia. Abrindo o registro da água e me encharcando toda em um dia frio de inverno. Me abraçando e deitando a cabeça no meu ombro na entrada da emergência do hospital. O coração batia forte, colado no meu. A cabeça estava pesada, não queria me soltar. Ele estava com tanta dor. Tão assustado.

Tudo isso parece tão bobo, mas é o que tenho de mais valioso agora. Queria que a minha cabeça tivesse gravado pequenos filminhos para que pudesse rever sempre. Tenho tanto medo. Vou levá-lo pra casa, vivo. Mas vivo como?

Nos chamaram para uma reunião na sala dos fundos, com os médicos. Fomos eu, minha mãe e meu pai. A salinha é pequena, mas sentamos todos, de mãos dadas. Eles insistiram na complexidade do quadro, na quantidade interminável de riscos, na vida que está tão frágil, o fim que pode acontecer a qualquer momento. Quando estávamos saindo, pedi para o Dr. Renato: *não desiste do meu filho, ele ainda está aqui.* Não me lembro o que ele respondeu, mas começamos a chorar. Os dois.

13 LEÕES

sábado ~26/10/2013

Filho,

Queria tanto saber onde tu estás. Se é em um barco pirata das nossas histórias. Desbravando nuvens coloridas feitas de mágica. Parecidas com algodão-doce. Ou se estás correndo em um jardim colorido. Dançando na lua, tua melhor amiga. Fico imaginando todas essas coisas para ver se posso dar um pulo e cair dentro do teu sonho. Se posso te abraçar e olhar teus olhos que se fecharam há tantos dias. Em um pulo poderia participar das tuas descobertas de sonhador, sentir a tua alegria inocente, tua sabedoria de criança que faz tanta falta. Queria ter o poder de te adivinhar, exatamente de que música tu gostarias hoje, que abriu sol. E não tem passarinhos cantando aqui, como temos em casa. Mas achei que Caetano e Gil seria um bom palpite, lembrando de nós dois brincando em dias felizes. Sabe, acho que me esqueci dos dias tristes, se eles existiram desde que tu existes. Lembro de tristezas mais passadas, tão distantes. Mas não contigo. Porque tu tens esse sorriso pronto que é tipo lanterna com vida eterna. Tu nunca te apagas. E me ilumina. E me faz pequena e alegre como tu. E boba, contigo. Por isso não lembro mais como é. Também não lembrava mais o que era sentir saudade, porque tu completaste todos os espaços de repente, e eu nem conseguia sentir falta de mais ninguém. Mas agora tu faltaste, de alguma forma. É tão estranho sentir isso e estar do teu lado, tocando a tua mão, ouvindo a tua respiração. Dizem que mãe e filho têm essa capacidade de sentir um ao ou-

tro. Eu acredito. Te sinto às vezes tão intensamente. Tão vivo. Queria poder te dizer tantas coisas que tu não tens como entender agora. Uma gratidão louca pela tua existência. Tudo fez sentido depois de ti. Não importa que não possa entrar no teu sonho agora, não importa quando tu vais voltar.

Contigo, sempre.

Curtido por **tainarc, aliandrade_** e **outras 19 pessoas**

laucpatron Para desentristecer, Leãozinho, o meu coração tão só, basta eu encontrar você no caminho....

Ver 1 comentário

14 LEÕES

domingo ~ 27/10/2013

Os dias de hospital parecem todos iguais. Com exceção do domingo. No domingo eu sei que é domingo. Os barulhos diminuem, as visitas diminuem, os corredores aumentam, vazios. Mais fácil ainda saber quando tem sol, ninguém vem. Domingo também é um dia em que não se tomam grandes decisões ou mudanças importantes. Tudo se mantém. Aquilo que foi feito, o paciente vivo, a ordem do caos, que já recomeça na segunda. A não ser que haja uma urgência inesperada, o domingo é calmo e eu tenho medo. Não é dia para nada acontecer. O Dr. João normalmente não está. Os amigos não estão. O suporte não está. A solidão é enorme e nada deve acontecer em um domingo, dentro de uma UTI pediátrica.

Meu pai ia embora amanhã mas pedi pra ele ficar. Nunca peço nada pra ele. Temos essa relação tão delicada que, se pedir demais, me escapa por entre os dedos. Fora o medo da rejeição, da frustração imensa de, mais uma vez, vê-lo indo embora. Sem mim. Dos pedidos de menina que receberam não. Da ausência dele. Lembro quando eles se separaram. Eu devia ter uns onze. Ele recebeu uma proposta de trabalho no Rio e pedi, pedi pra não ir. Ele prometeu que não iria. Ele que me ensinou o valor da palavra e o compromisso de uma promessa. Descumpriu. Quando soube que ele tinha decidido, não tive coragem. Nem de espernear, reclamar, nem de cobrar a promessa. Queria fazer tudo isso. Mas não tive peito. Acho que sabia que ouviria um não e sabia que isso doeria mais que não tentar coisa nenhuma. E ele foi. Agora, quatorze anos depois, nesse hospital, consegui finalmente dizer: *fica*.

Pelo menos até desentubarem o João, o que espero que aconteça logo. Desentubar é o primeiro passo para novas tentativas de acordar. Se os médicos me ouvirem vão me internar, de louca. A morte mora nesse box há tantos dias, a única coisa que eles pensam é como manobrar e mantê-lo vivo por mais algumas horas. Mas preciso pensar na vida. Acreditar que ela seja possível, que ela seja a única direção. É meu direito saber e me confundir. Saber e não aceitar. Que seja uma fé louca, uma ingenuidade óbvia estampada na minha camiseta, que esteja negando todos os números, as lógicas, especialistas natos, falem o que quiserem. Eu prefiro isso.

No final de tarde passei em casa para organizar algumas coisas. O Diogo me buscou e fomos juntos. Não quis entrar no quarto do João. Procurei pelos papéis que ele precisava para um trabalho nosso, dei uma olhada nas contas, nos e-mails, nas coisas todas que não deveriam existir mais. Vi que ele estava o tempo todo inquieto de me ter em casa, como se ficasse mais evidente quem estava faltando.

Na sala, tudo como deixamos. Não sei o que me deu, mas quando vi estava dentro da barraquinha do João, que fica no canto. Deitei dentro dela em cima do edredom amarelo. Olhei em volta. Os pequenos segredos do João. Os bonecos preferidos. Uma varinha mágica que fizemos juntos. Um presente de um grande amigo. O livro das palavras. Chamei o Diogo. *Entra aqui.* Ele se negou, no início. Vacilou por instantes. *Entra aqui, por favor.* Deitados lado a lado, dentro de uma barraca laranja, no esconderijo do João, conversamos pela primeira vez, só os dois.

– Tu acha que ele vai morrer?

– Não. Ele não vai morrer.

– Mas...

– Ele não vai morrer, Diogo. Ele é forte, e alegre. Ele tá vivo. Ele não vai morrer.

– Ele não vai morrer.

– Ele vai voltar pra casa.

– Como?

– Eu não sei.

– E nós?

– Eu não sei... Não sei.

(Silêncio)

– Lembra dele se escondendo aqui dentro e nos chamando? Como se a gente não soubesse onde ele estava, se agachava no cantinho e espiava.

Nos olhamos e começamos a chorar. Rindo. Os dois, deitados, olhando pro céu particular do João, cor de laranja, com metade do corpo dentro do aconchego, e pernas para fora, pela porta de pano por onde, há pouco, o João nos espiava. Pernas para o meio da sala, para o vazio sem ele. Vacilantes, e prontas.

Amanhã, quem sabe.

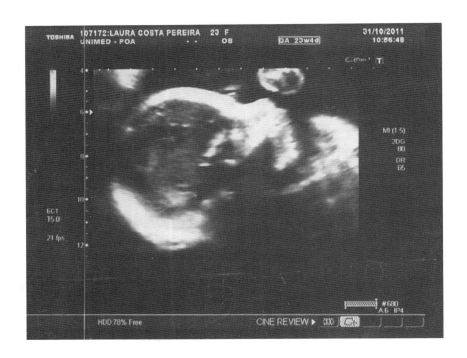

VOU SER MÃE

Quando nos conhecemos, eu e o Diogo, nós dois morávamos sozinhos. Na verdade, tínhamos muito mais que isso em comum de um jeito profundo – não tão óbvio. Ambos nos sentíamos sozinhos, ambos desejávamos a liberdade dessa solidão. Eu, em um momento bem difícil com a minha mãe e saindo de um relacionamento que tinha me destruído. Ele, com um passado atormentado e buracos afetivos, queria alguém para chamar de família. Os dois precisavam criar, ainda que na época eu não admitisse esse desejo. Não compreendia ainda o que a minha mente estava me pedindo.

Quando conheci a casa dele achei triste. Velha e malcuidada, apesar de enorme. Sempre conversei com os.lugares, desde muito pequena. Conversas silenciosas, com casas abandonadas e janelas antigas, lugares estranhos. Às vezes sombrios. Em espaços em que parecia já ter havido muita vida, me perguntava: quem amou aqui, quem nasceu, por que foi embora?

A casa do Diogo tinha cara de sempre ter sido triste, não conseguia imaginar a felicidade andando em nenhum dos corredores, nem na cozinha, nem no pátio. Tentava imaginar as crianças, mas não tinha sorrisos ecoando naquele lugar. Tudo tinha cara de tanto faz. Com a exceção de uma parede na sala feita de pedras brutas de quartzo rosa. Era feia e triste, mas parecia ter sido feita em uma época de espera da felicidade. Alguém tinha acreditado, em algum momento, e isso significou algo pra mim. Na primeira vez que entrei no quarto que um dia seria nosso, palavras me atravessaram como um raio mental: nosso amor vai morrer aqui, na tristeza dessas paredes. Nunca contei pra ele. Mesmo quando aconteceu.

Nos agarramos com vontade e desespero um ao outro. Ele esperava que eu fosse capaz de salvá-lo. Eu esperava o mesmo, como se isso fosse suficiente para me salvar também. Ainda não sabia que quem mais se afogava era eu, embora fosse a mais forte para nadar. Nos apaixonamos pela ideia do que poderíamos ser um para o outro. Pela ideia do amor curador. Quisemos disfarçar a tristeza da casa. Escolhemos novas cores. Para a sala, um tom meio uva, fechado. Minha mãe e o Mario, companheiro dela, ajudaram a pintar. Brincamos e ouvimos música o tempo todo. Lembro de ver o Diogo mais alegre que nunca, e quase não percebia a sua melancolia disfarçada, sempre presente no fundo dos olhos. Lembro que uma hora encontrei na sala, pintadas de tinta uva na lona preta que protegia o parquê, as palavras "te amo" na letra quase adolescente de quem seria o meu maior companheiro e, ao mesmo tempo, fonte da relação mais tóxica que conheci.

Meses depois estava grávida e brutalmente inserida no processo de recuperação do meu companheiro. O Diogo tinha acabado de ser diagnosticado com transtorno bipolar, e as coisas, embora muito difíceis, começavam a fazer sentido. Ele fazia coisas horríveis das quais se arrependia segundos depois. Era violento, deprimido, impulsivo. Seu humor mudava em dez segundos ou no tempo de uma piscada. Ele me pedia que não fosse embora antes de ajudá-lo, e fui ficando, mesmo machucada, por me sentir responsável. Uma loucura que começou muito pequena com o meu pai, e precisou de muito sofrimento e maturidade para que eu entendesse.

A gravidez aconteceu sem ser desejada. Em uma troca de anticoncepcional no período que tentávamos nos reencontrar, depois de meses caóticos na relação. Para o Diogo foi uma felicidade extrema, como um presente, um troféu por estar se esforçando tanto. Ele sempre quis ser pai, e queria que nós dois ficássemos juntos. Para mim, um baque profundo. Fiquei deprimida.

Nunca sonhei em ser mãe. Nunca achei que levava jeito para ser responsável pela vida de mais alguém. Não me lembro de brincar com bonecas bebês na infância, de ter uma "filha". Devo ter feito, mas não me marcou.

Lembro do Duda, o cachorro multicolorido que meu pai trouxe de uma viagem. Um cachorro, um amigo. Sem fraldas para trocar, sem compromisso de alimentar, sem culpa quando estava a fim de brincar de outra coisa. Olhando no espelho para minha barriga, sentia que ainda tinha dor demais dentro para parir vida. Sabia que não era o momento, não era o lugar. Como se tudo já não fosse dolorido o suficiente, agora tinha que escolher. Cogitei não continuar a gestação. Ser mãe sem vontade e amor para dar, sem disponibilidade afetiva, é um aborto muito mais cruel que poderia ter sido evitado.

Descobri a gravidez já com algumas semanas, então precisei fazer uma ecografia que seria necessária para qualquer uma das decisões. Estava com muitas dúvidas até ali, aquele momento, aquele ponto do tempo exato em que escutei o coração do João. Aquele som batendo dentro de mim me conectou profundamente com uma força que ainda não conhecia. Coisas que não sei explicar fizeram sentido. Saí do exame ligando pra todo mundo e avisando: vou ser mãe. Com uma convicção louca. Não romantizo a maternidade e quero acreditar que era sobre o nosso encontro o arrepio que me tomou no susto. A sensação tão forte e lúcida de que não era mais só. Me senti bicho, com o milagre da vida dentro de mim, pulsando, ritmado e irônico, zombando do meu ceticismo em tudo. Soube naquele dia que tinha recebido um presente. E, dois anos depois, naquele hospital, era esse mesmo presente que me fazia levantar, todos os dias.

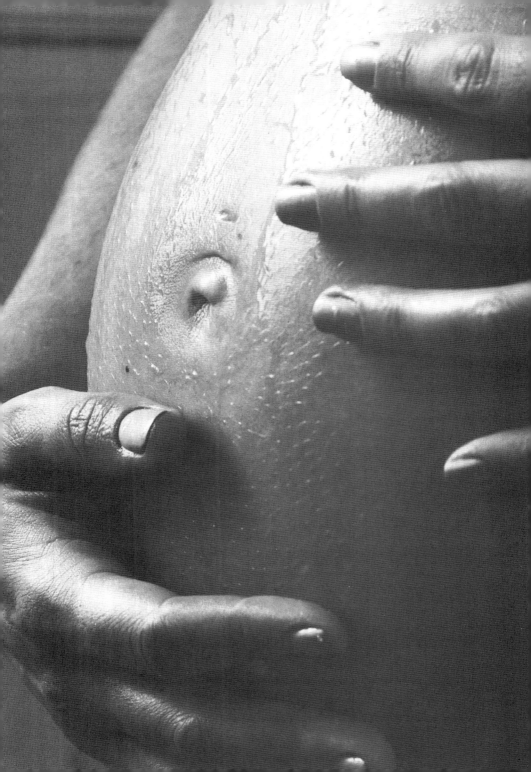

15 LEÕES

segunda ~28/10/2013

Começaram a chegar santos por aqui. De todos os tipos. Pra todos os gostos. Santos, rezas, novenas, terços, budas, arrudas, pedras energizadas, cartas escritas a mão. Não sou dessas coisas. Filha de um ateu com uma budista, neta de uma cristã fervorosa. Passei a vida inteira em colégio jesuíta, mas o auge do que aprendi foi o Pai-nosso. Eu tenho fé, sim. Fé em uma energia maior que a nossa capacidade de entender. Fé no universo, no amor. Fé na vida. Mas não sei falar com deus. Não acredito nesse todo-poderoso de figura humana. Um senhor do destino de todos. Enfim, de qualquer forma decidi que vou fazer tudo que me mandarem. Tudo. Sem exceção. Tantos dias aqui já me fizeram entrar em umas de *mal não faz*.

Me impressiona a mobilização de pessoas desconhecidas, mandando um pouco da sua fé para mim. Torcendo por um menino que não conhecem e provavelmente nunca vão conhecer. Cartinhas cheias de afeto chegam. Objetos antigos de fé, que parecem ter pertencido à história de outra família. De outros laços e urgências.

Comecei pela novena de Maria hoje. Foi a dinda da minha comadre que mandou. Abri sem expectativa nenhuma. Quase uma burocracia a ser vencida. Me deparei com um texto tão lindo, algo tão profundo sobre a maternidade, que chorei com o peito cheio. De esperança, da mais pura. O amor que sinto pelo João ultrapassa a minha racionalidade.

Lembrei que minha avó recebia mensalmente uma santa da paróquia, que ficava em sua casa por alguns dias. Lembro do olhar dela brilhando, da santa com manto azul exibida na sala de jantar, como um convidado ilustre.

Ela me chamava para olhar e eu ficava fascinada, observando atenta os olhos cheios da minha avó. Fechei os meus como se pudesse voltar no tempo e estar protegida por eles outra vez.

Lembro de tudo. Do respeito em cada gesto da minha avó. As mãos dela que contam as mil histórias que ouço desde pequena. O apartamento da Dario Pederneiras. O lar de uma vida inteira. O lar em que avós foram pais, tantas vezes. As paredes que contam a trajetória de uma família, o cheiro do colo pronto, os passos do meu avô no corredor estreito, cada vez mais arrastados, mas ainda tão imponentes. Penso que em cada canto mora a nossa história. Nas peças frias, na cristaleira chaveada, no passarinho amarelo de louça, naquilo que sinto quando o sol bate nas cortinas rendadas do quarto que foi refúgio, da sacada de mil sonhos acordada, das lembranças dos puxões de orelha merecidos, dos espaços enormes que foram ficando pequenos, os pássaros da praça que poderiam ser os mesmos, os relógios iguais de cabeceira, a penteadeira da vaidade de criança, o cheiro da comida de outros tempos, a sandália que espera ao lado da cama, a poltrona mágica virada em um universo inteiro de sábado à tarde, os livros esquecidos pelo tempo no mesmo lugar da estante, a fé na santa de azul e tudo mais que me invade agora enquanto lembro: explicações de mim em cada canto, e em cada parte pedaços do que somos. Todos.

O dia por aqui foi bem difícil. Às vezes não tenho vontade de falar sobre, porque parecem dias iguais de montanha-russa, em looping. Nada muda ou melhora radicalmente. Os sustos são grandes e pelo menos uma vez ao dia. Os rins estão muito comprometidos, há dias ele faz diálise manual, por ser muito pequeno. As noites são uma loucura, as meninas ficam envolvidas a noite toda no processo. As técnicas têm sido maravilhosas.

Veio uma moça do laboratório da medicação para SHUa. Ela veio de São Paulo, só pra conversar comigo. Ficamos umas duas horas conversando na salinha das crianças, ao lado da UTI. Ela tentou me explicar detalhadamente o que era a doença. Do alto do enorme absurdo de tudo, entendi poucas coisas. Ela falou, falou que a medicação é caríssima, não existe no Brasil, que preciso entrar com um processo contra o Estado para conseguir o direito de receber e medicar o João. Me explicou também que não existe outra alternativa, que o caso dele é muito violento, inesperadamente violento, que existem mais seis pacientes no Brasil, que ela acha que deveria falar com eles, que deveria fazer um blog porque me pesquisou e achou textos ótimos meus, e seria fantástico poder ajudar outras mães e disseminar informações sobre essa doença raríssima que está matando meu filho nesse exato momento enquanto conversamos, e da qual eu não sei absolutamente nada. Chamei ela de louca.

A Claudia veio depois, por sorte, me atender no hospital mesmo. Organizar pensamentos e emoções por aqui tem sido a única forma de manter parte da sanidade. Conversamos muito sobre tudo e perguntei se ela acha que estou me enganando. Se estou em um processo ruim de não aceitação da perda do João, se estou fantasiando maluquices sem enxergar que são impossíveis ou bastante improváveis. Ela disse que não. Que a vida do João é um fato, e a morte uma possibilidade. Que vê em mim a total consciência das possibilidades e que acha saudável, nesse caso, não aceitar como fato o que ainda não aconteceu. Racionalmente, passeio por tudo e organizo as informações. Não estou querendo me enganar, mas meu coração não acredita na perda. Não estou tentando convencer ele disso, é uma certeza que vem, e brota sozinha, e diz que amanhã estaremos aqui, enfrentando outros desafios, juntos.

"Tu conheces meu caminho,
Sabes o tempo.
Teu plano já está feito e colocado à disposição.
Por isso, espero, silencioso."

Novena de Maria, oitavo dia

16 LEÕES

terça ~29/10/2013

Filho,

Está tudo cinza, o dia todo lá fora. Sinto falta de sol especialmente em dias que são cinza dentro de mim. Tipo uma compensação, sabe? Hoje foi um dia estranho pra nós dois. Ando sentindo um medo que cresce e fica maior do que eu, vira e mexe. Odeio me sentir assim. Parece que perdi uns parafusos no caminho, mas procuro, enquanto te acompanho. Outubro já está acabando. Esse é o meu mês preferido. É meu aniversário e a primavera chegando, isso é o mais bonito. Abertura. Flores. Ventos mudando. Brisas mais quentes. E agora isso, que nem sei o que vai significar na nossa vida. Que seja um recomeço, um renascer. Que seja outra vida. Outro aniversário. Uma cicatriz comemorada daqui a alguns anos: vivemos. Uma prova da força dos nossos ossos, que parecem tão pequenos agora. De tudo, o que sinto mais falta são teus olhos. Tu olhas tão profundamente. Parece que tens superpoderes e atravessas aquilo que quero mostrar. Parece que enxergas a alma e talvez o destino. Olhos de gente que sente. De gente que vê gente. Torço para que tu nunca percas isso, sabe? Essa capacidade de olhar para o outro. Essa profundeza em um mundo tão no raso. Queria ter te amado desde o momento em que soube da tua existência, dentro de mim. Assim, à primeira "vista". Queria ter te amado porque tu és a criatura mais amável que eu conheço. Não foi assim. Construímos esse amor tão juntos, como uma dança a dois na sala. Dependemos um do outro no processo. Como agora. Tive medo de ti. Tive medo de mim. Foste tu que transmutaste as dúvidas todas em uma fluidez tão bonita. Primeiro tua, depois nossa. Às vezes te olho por instantes deitado nessa cama, e quase posso sentir o peso do teu corpo no meu peito. Nossos corações pulsando próximos. Tua cabeça pesada e recostada com segurança na minha pele. Tuas mãos perto do meu rosto. É uma sensação tão física. Como se tu fizesses parte de mim. Tu fazes. Parte de mim e parte desse mundo todo que te espera. Tu mereces tanto viver. Quero te levar para conhecer todas as cores da Terra. Contar estrelas para descobrir o significado de infinito e te fazer entender o tamanho do que sinto por ti. Não sei se é possível. Como meu pai disse um dia para mim: desejo que sejas justo, solidário, insubmisso, livre, e fundamentalmente feliz. Por mais que nada disso pareça possível agora. Minha tarefa é alargar o horizonte do possível. Me faz sentir mais perto de ti. Me faz sentir que existimos.

Contigo, sempre.

17 LEÕES

quarta ~ 30/10/2013

São dezessete horas de um dia nublado. E longo demais. Tem dias de muita melancolia na UTI. Sinto que as energias se misturam aqui. São muitas famílias, histórias e crianças acamadas. Emoções rondam esse lugar pequeno demais para abrigar tanto. Os medos que se encontram na hora do almoço na sala dos pais. Não são mães, são medos.

O que sobrou da gente? Nada.

Passei os últimos dias de vigília. Revezando com a minha mãe e com o meu pai, que anda dormindo algumas noites aqui dentro, para ajudar enquanto ainda está na cidade. Cada um faz uma parte do esforço necessário para manter o João aqui. E nos mantermos todos, de alguma forma.

Converso com ele o tempo todo. Acho que estou ficando louca. Lembro do quanto é amado, quantas aventuras legais que combinamos e ainda não vivemos. Prometo as férias dos sonhos. Negociações de doces na semana rolam permanentemente. Quando ninguém está olhando sussurro que nunca mais serei feliz se ele não abrir os olhos de novo. Chantagem da mais baixa. Rezo toda hora, tento magias possíveis, os terços que nem sei mexer. Tudo que me enviaram, para todos os santos. Nos últimos dias, todos iguais, pressionei médicos, incomodei enfermeiras. Tive o apoio da minha mãe o tempo todo. Ela é como uma continuação de mim. Outro corpo, mas vibrando na mesma energia mobilizadora de afeto. Vibrando a mesma decisão, a mesma intuição de avançar.

O Dr. Luciano passou aqui há pouco e disse: estamos deixando o risco de morte para trás. Morte. Sonhei essa noite que um médico entrava no box no meio da madrugada e me acordava às pressas, me cutucando, enquanto dizia: *Ele morreu, Laura. Ele morreu.*

Eu repetia: *morri?*

RAIO DA MANHÃ

Era madrugada de sábado para domingo de Carnaval. Estava abafado como em todos os últimos dias. Eu não sentia nenhum tipo de medo, não conseguia pensar muito também. Nenhuma ansiedade me espreitava – como ele vai ser, parecido com quem. Como se firme no tempo presente, vivi aquele trajeto até o hospital inteira. O Diogo colocou Lauryn Hill no som do carro, e fluí em cada nota até estacionar.

Quando decidi que teria o João, minha mãe ponderou um pouco, mas depois aceitou a minha decisão. Embarcamos juntas em uma entrega de amor tão grande pelo ser que estava na minha barriga que soubemos ao mesmo tempo, e vários dias antes de confirmar em exame, que era um menino. Eu intuí muito forte. Ela sonhou com ele, vestido de monge. O Diogo estava realizado. Era tudo o que ele queria. A parte prática não importava. Meu pai foi o único que não assimilou bem. Sofreu as perdas dos meus sonhos e planos e possibilidades de um jeito que me doía, então nos afastamos. Foram alguns meses sem falar muito. Menos ainda sobre a gravidez. Ele foi conseguir se conectar bem no final, já na fase do barrigão, provavelmente porque percebeu que, apesar de tudo, eu estava feliz.

Vivi um período muito ambíguo, entre a suavidade da conexão com meu filho e a violência do Diogo ainda descontrolado, tentando melhorar. Nos últimos meses de gravidez estava tão plena, o João era tão meu, tinha tanta coisa acontecendo dentro de mim que nada era mais forte que essa construção escolhida. Eu batalhei por ela. E agora sentia. Conversava com ele o tempo todo, cantava músicas que já eram nossas antes de ser. "Cajuína", "Alguém Cantando", e para dormir sempre, sempre, "Leãozinho".

No dia dezoito de fevereiro tivemos uma briga feia em casa. Não me lembro o motivo, provavelmente irrelevante. Lembro de ir para o banho chorar sozinha. Mas tinha uma serenidade também. Acariciava a barriga enorme e cantava *"estrela, estrela, como ser assim"*. Fui pra cama com um livro nas mãos, mas não consegui ler. Então deitei e comecei a conversar com o João. Fiz votos de amor e de entrega. Avisei: *Sou toda errada. Intensa, sincera, atrapalhada, solta. Ando de pé descalço até no inverno, gosto de estar ao ar livre, ler livros malucos. Gosto de sol, pedras, música. Danço até dormindo. Não sou a mãe mais delicada que tu poderias ter e nem de longe a mais preparada. Mas vou ser a melhor versão de mim, pra ti. E sempre vai ter risada, abraços e verdade.* Selamos um pacto. Disse: *Acho que estou pronta. Se tu estiveres também, podes vir. Estou te esperando.* E ele veio, como a primeira prova de uma conexão que meses mais tarde eu entenderia melhor.

Acordei às três da manhã por causa de um pingo. Um pingo na calcinha. Xixi, pensei. Tô fazendo xixi nas calças, agora. Que ótimo. Levantei para ir ao banheiro me trocar. Voltei a dormir. Meia hora mais tarde, outro pingo. Acendi a luz. Olhei a calcinha. Um único pingo. Acordei o Diogo.

— Cheira isso aqui.

— Quê? Isso aqui o quê? Tua calcinha?

Ele disse, bem confuso.

— Cheira.

Decidiu cheirar, contrariado.

— Tem cheiro de xixi?

Ele revirou os olhos.

— Tem cheiro de xixi ou tá mais pra água sanitária, Diogo?

— Tu tá louca?

— No curso de mãe de primeira viagem falaram que quando estoura a bolsa tem cheiro de água sanitária.

Ele arregalou os olhos e cheirou a minha calcinha de novo, com vontade.

– Não tem cheiro de xixi, tu acha que a bolsa estourou? Mas cadê a água toda?

O Diogo tinha esse sonho repetido, nas últimas semanas. Ele acordava com a cama encharcada, inundada de líquido amniótico. Acho que tinha fantasiado demais com isso. Liguei pra minha obstetra, que tinha conhecido uma semana antes, às quatro e pouco da manhã, ela mandou ir pro hospital. Dois dedos de dilatação. Liguei de novo pra ela: *estou começando o trabalho de parto.*

Meu pré-natal foi todo feito com outro profissional que, duas semanas antes, me avisou que viajaria no carnaval, logo não estaria na cidade nas datas prováveis do nascimento do João. Me ofereceu uma cesárea. Eu não queria uma cesárea. Não sem tentar. Questionei se tinha alguém, uma equipe, alguém para substituir, ele me respondeu que nos hospitais tem obstetra plantonista. Quase enfartei. Tinha feito tudo direitinho, confiado meu corpo e todos os medos por meses a uma pessoa, e ela estava me abandonando aos quarenta e cinco do segundo tempo. Comecei uma saga de tentativas, mas nenhum médico queria me pegar assim, tão no final do processo, sem me conhecer direito e para um parto normal. Até que cheguei nela. A Dra. Alessandra teve pena de mim. Queria dizer empatia, que seria mais bonito, mas acho que no primeiro momento era pena mesmo. Eu estava desesperada. Ela assumiu o caso, pediu exames, me viu duas vezes antes desse dia.

Fiquei das cinco às onze da manhã para dilatar o suficiente. Não aguentava mais as contrações. A mente faz movimentos muito loucos nessa hora. Testa a todo momento a convicção do que se quer. Pensei em desistir muitas vezes. Mas fiquei. Às onze fomos para a sala de cirurgia, trinta e um minutos depois o João tinha nascido. Não estava preparada para nada daquilo. Existia uma desconexão comigo mesma, com o meu corpo. Levaram ele para os exames iniciais, para os parentes no vidro, tudo correndo. Fiquei com a médica costurando a minha episiotomia indesejada e as enfermeiras que falavam que eu tinha nascido para o parto normal. Forte. Determinada. Não me sentia assim. Sentia que tinha sido rápido demais, mecânico demais, sem entender o que realmente tinha acontecido. Sem sentir e viver o milagre do corpo de dar a vida. A Dra. Alessandra me perguntou se eu seria mãe de novo e, no impulso, eu disse: *sim, e vai se chamar Sofia.*

———

Me levaram para a sala de recuperação. Esperar o João, que a essa altura mal e mal tinha chegado perto de mim. Foi aí que a vida tomou outro rumo. Comecei a sentir dor. Muita dor. Mais dor que no parto. Uma técnica percebeu que eu estava perdendo sangue. Chamou a enfermeira. Quando ela chegou já tinha perdido mais. Começou a fazer uma massagem na altura do meu útero. A dor aumentava a pontapés. Do meio das costas até o dedão do pé, tudo doía demais. Comecei a perder a capacidade de me mexer de tanta dor. E a agonia de tudo me comendo por dentro. As enfermeiras se revezavam em uma corrida de massagens, tentando fazer meu útero contrair. Ouvi uma delas no telefone com a minha médica, que já tinha ido embora do hospital, curtir o domingo de Carnaval: *volta.* Comecei a perder muito sangue, descontroladamente. Cada vez mais fraca e cada vez com mais dor. Comecei a alucinar de dor. Queria me jogar da janela e fazer parar. Gritava com as técnicas totalmente sem controle. Eu estava morrendo. Minha médica chegou, voltamos às pressas para a sala de cirurgia. No corredor ela gritou por ajuda de quem estivesse por ali. Lembro da sala cheia de médicos ao meu redor. Arquitetava planos absurdos de pegar o bisturi ou uma tesoura e cravar na minha própria perna, porque no meu delírio parecia que ia aliviar a dor. Era insuportável. Uma médica puxou um dos meus braços, amarrou e pegou uma veia. Outro médico pegou o outro braço e tacou agulha com sei lá o quê. Lembro do cheiro de sangue e do gosto de morte que tinha naqueles segundos. Lembro de sentir meu coração desistindo, meus olhos se fechando sob a luz muito forte, a brancura toda de uma sala de cirurgia, pensando que é essa luz afinal que as pessoas veem quando morrem. Não é branca da pureza do paraíso, é branca hospitalar mesmo e está na cartela da Coral, e um vazio imenso foi tomando conta de mim, enquanto umas dez cabeças me olhavam e gritavam e discutiam

vai ter que tirar o útero

mas ela é tão nova

ela está perdendo muito sangue

não tem como segurar

mas ela vai ser mãe da Sofia

ela tá morrendo.

Eles mexiam no meu corpo com muita violência.

A violência da urgência.

———

Acordei na CTI muitas horas depois. O resto do que sobrou de mim acordou. Minha mãe estava lá. Sentada ao meu lado. Abatida de tanto chorar. Entendi nos olhos dela onde eu estava. Sentia meu rosto inchado e mal conseguia falar. Tinha dor por tudo, tanta que mal sentia meu corpo. Fios por todos os lados me ligavam a máquinas que enchiam o box. Minha mãe sentada em uma cadeira pequena ao meu lado, não conseguia me olhar por muito tempo nos olhos. *O que aconteceu comigo, mãe?* Botei a mão na barriga, *tiraram meu útero? – Não*, ela disse, apressada pra me aliviar, *conseguiram salvar*. De repente veio um lance de presença e tentei me levantar perguntando: *onde ele está?* Não tinha pensado nele mais, até aquele momento. *O João está bem Laura, está sendo bem cuidado, o Diogo não sai de perto dele. Tu precisa descansar.* A sensação de grogue voltou a tomar conta do meu corpo. Se passaram alguns dias até que pudesse ver meu filho. Lembro de chorar na CTI culpada por ter quase morrido, culpada por estar longe dele, culpada por tê-lo deixado.

Logo estaríamos juntos, de uma forma muito mais definitiva do que podia imaginar. Nos preparando, mesmo sem saber, nos nutrindo para chegar em um momento nunca imaginado, mais uma vez no hospital, no mesmo hospital, mais uma vez em queda de braço com a morte, essa palavra insiste em voltar na nossa história, um eco que vira e mexe muda as respostas de lugar. Mais uma vez com tudo tão parecido, mas tão diferente. Dessa vez quem esperaria por ele era eu.

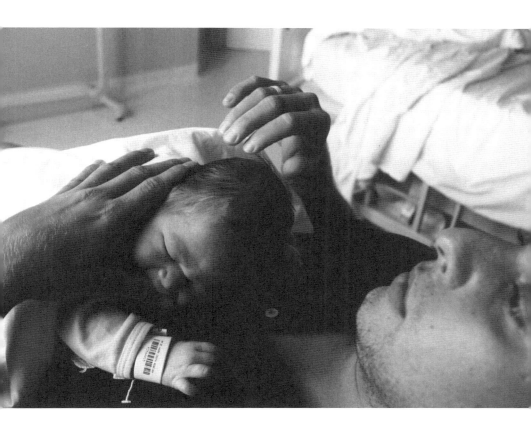

18 LEÕES

quinta ~ 31/10/2013

Essa noite tive o mesmo sonho que vivi em muitas noites seguidas quando era menina. Estou olhando para o céu, ele é cinza. Nublado e com uma certa neblina. O vento é gelado no rosto e não tenho ideia nenhuma de horas. Não sinto meu corpo direito e por isso olho pra linha do horizonte, pra só nesse momento perceber que estou dentro do mar. O mar está agitado. É de um azul-petróleo escuro. Bonito. E bem melancólico. Eu não estou nadando. Bato minhas pernas apenas o suficiente para me manter com o rosto fora d'água. Sinto um cansaço estranho, mas nenhuma vontade de sair.

De repente vem uma onda, não muito grande, mas inesperada, e me joga para o fundo com força. Sinto o corpo se soltar do controle do corpo. Sinto afundar, macio e violento para o fundo de tudo, sinto em câmera lenta o medo de afundar. Meus olhos estão abertos o tempo todo. Penso que estou morta, mas me sinto viva. Não tenho nenhuma reação por uma eternidade de segundos, fico apenas sentindo o corpo inundado e sem ar. Então, aos poucos e muito lentamente, volto a mexer as pernas. Antes de me sentir sufocar. Um pouco antes. Impulsiono com os braços, lembrando da minha mãe. Tem um segundo que não acaba antes de ultrapassar a última linha de água entre mim e o ar, e sinto novamente o ar gelado invadir a pele.

Aqui o tempo parece acelerar. Consigo inspirar apenas uma vez. Uma nova onda vem e me derruba novamente. E outra. E outra. Cada vez que consigo voltar mais uma chega. Cada vez sinto menos prazer na queda. Cada vez sinto menos prazer na queda e mais a falta de ar. A cada nova tentativa, mais grossa fica a última linha da água.

Acordei sufocada em desespero do lado do João, afundado nessa cama, embaixo da linha da água, a milímetros da vida, e ainda tão sem ar.

Sempre gostei de desafiar o mar. Passar pelas ondas, nadar até o fundo, depois da rebentação. Sentir ele me desafiar também. Comecei com isso na adolescência, no início fazia para imitar a minha mãe. Depois não. Depois era prazer, uma mistura de liberdade, risco e vazio. Nunca me afoguei, não no mar. Nunca tive medo. Meus pais brigavam comigo, mas tinham um orgulho estranho do meu destemor.

A ideia daquela imensidão toda me apavora agora.

19 LEÕES

sexta ~ 01/11/2013

Vamos fazer uma cirurgia espiritual. E a essa altura, francamente, não acho mais nada absurdo. Foi a família no box do lado que me indicou um lugar muito conhecido no Rio, o Tupyara. Um hospital espírita. O filho deles tem uma síndrome rara também e muito assustadora, os ossos dele se quebram à medida que a doença avança.

Me esforço pra tomar uma certa distância das outras histórias porque não tem energia que suporte tanto, mas não paro de pensar nesse menino. Na angústia dessa mãe, que mal pode tocar nele.

Pedi para a Tana olhar isso pra mim. Ela foi até o Centro e agendou uma cirurgia a distância, já que agora ele não tem como ir. Quem sabe um dia. Vai ser hoje à noite. Minha relação com a Tana está esquisita há muito tempo e nem a situação do João nos abriu espaços. Sinto que nenhuma de nós tem disposição para recuar de dores mais complexas do que entendemos. Sinto falta dela. De como era antes, no começo da história dela com o meu pai, quando nós éramos amigas, mais que enteada e madrasta. Quando a gente não tinha se magoado ainda com orgulhos e silêncios.

Precisava de várias coisas para preparar o João. Entrei com uma jarra de vidro disfarçada na mochila e enchi de água, como recomendado. Deixei atrás de uma das máquinas, torcendo pra ninguém ver. Também trouxe uma toalha branca e preciso fazer uma oração durante o horário previsto.

Já entrei com som portátil e CDs, caguei umas vinte e três regras em poucos dias nesse cubículo. Uma delinquente de hospital nata, meu pai diria.

Nunca tentei ser disciplinada nas regras do lugar, não seria hoje. Não seria em um súbito ato de fé.

Coloquei Steve Wonder para tocar. Essa coisa de música me acalma. Minha mãe me emprestou esse som logo nos primeiros dias da internação. Aqueles portáteis que tinha com quatorze anos. Queria fazer o João se sentir mais em casa. Mais acolhido nesse lugar que não foi feito para crianças. Aos poucos trouxemos muitos CDs diferentes. Para todos os gostos e momentos. Coisas que o João já ouvia, coisas novas para ele experimentar. Sempre tem música no box. O que, aparentemente, é mais uma prova da nossa loucura.

A Claudia veio hoje e conversamos sobre esse estado de coma. Como será que ficam as percepções da pessoa? Como saber? O João capta algo do ambiente? Acho que sim. Sinto que sim. Sinto que ele sabe quem está aqui. Sinto que dança nos sonhos ao ritmo das nossas propostas e esperanças, tocadas nesse radinho portátil, todos os dias.

Que se faça a luz, aqui e no box do lado. Que seja possível iluminar todas as crianças nesse lugar. Que o amor seja a cura e que não deixe meu ceticismo ficar em pé. Não agora.

TEMPLO ESPÍRITA TUPYARA
OPERAÇÃO FLUÍDICA À DISTÂNCIA
(LEIA COM ATENÇÃO)

O irmão será operado fluidicamente no dia 7 / 11 / 13 às 21 hs. (hora de seu estado)

Os curativos serão feitos em 3 _quinta_ às 20 hs. (hora de seu estado)
(dia da semana)

NOS DIAS ACIMA, OBSERVAR RIGOROSAMENTE O SEGUINTE PRECEITUADO:

A) **ALIMENTAÇÃO:** verduras, legumes, massas, cereais, ovos cozidos e frutas;

B) **ABSTER-SE DE:** sexo, fumo, bebidas alcoólicas, frituras, gorduras e carne de qualquer espécie;

C) Após o banho normal de higiene, tomar banho de sal grosso ou rosas brancas dos ombros para baixo;

D) Senhoras durante o fluxo menstrual **NÃO** farão a operação e curativos, adiando-o(s) para a semana seguinte, no mesmo dia da semana. Se a mestruação ocorrer durante o período de um curativo, continuarão tomando a água. Se necessário, adicione mais um pouco de água filtrada; **NÃO** esvazie a garrafa totalmente.

1. Quinze (15) minutos antes da hora marcada, colocar (sobre uma toalha ou lenço branco), na mesa de cabeceira, meio copo com água filtrada junto com um litro de vidro, transparente e incolor (também com água filtrada) destampados para a fluidificação. A seguir fazer uma prece a Jesus, a Maria de Nazaré, ao espírito de Bezerra de Menezes, podendo invocar outros espíritos de sua devoção e ao médico espiritual operador:

Dr. _Chapot Prevost_

2. Após fazer o pedido, beber a água do copo, deitar e cobrir-se com um lençol. Aguardar com Fé, permanecendo deitado pelo menos durante quinze (15) minutos (no mínimo). Após a operação ou curativo, tampar o litro.

3. A partir do dia seguinte à operação, tomar diariamente quatro (4) cálices pequenos (por dia) da água do litro, enchendo-o primeiramente nos dias dos curativos, quando renovará o preceituado nos itens acima. Se necessário, adicione mais água filtrada; **NÃO** esvazie totalmente o litro.

4. A Pessoa que quiser permanecer no quarto com o doente deverá seguir os mesmos preceitos contidos na papeleta, nos dias de operações e curativos, ficando junto ao enfermo, fazendo orações.

5. No caso do doente estar impossibilitado de cumprir o preceituado (hospitalizado, por exemplo), poderá ser representado por um familiar ou um amigo, **NA INTENÇÃO DO DOENTE**, deverá **APENAS ORAR**, mentalizando o enfermo e o local onde se encontra.

6. No caso do enfermo mudar de endereço, a operação e curativos serão feitos no local em que o paciente se encontre. **NÃO** é preciso comunicar-nos a mudança de endereço.

7. Senhoras, durante o fluxo menstrual, **NÃO** farão a operação e curativos, adiando-o(s) para o mesmo dia na semana seguinte, entretanto, a água continuará a ser tomada.

8. **NÃO INTERROMPA O TRATAMENTO MÉDICO QUE ESTEJA FAZENDO.**

ESTA PAPELETA SÓ TERÁ VALIDADE QUANDO ENTREGUE OU ENVIADO PELO TEMPLO ESPÍRITA TUPYARA.
NOSSO ATENDIMENTO É COMPLETAMENTE GRATUITO.
NÃO TEMOS REPRESENTANTES OU FILIAIS.

TEMPLO ESPÍRITA TUPYARA - Rua Luiz Bezerra, 116 - Engenho Novo - RJ - CEP: 20.710-160
Telefones: 2581-3399 / 2581-3499 - www.temploespiritatupyara.org.br

20 LEÕES

sábado ~ 02/11/2013

O dia amanheceu bonito. Os pássaros cantaram mais do que nos últimos dias. A jarra de água da cirurgia espiritual continua mocada atrás da minha cadeira. Me emocionei muito ontem. Pedindo por ele. Me senti tão pequena. E tão grande.

O processo de retirada dos sedativos começou e é bem complexo. O João tem crises de abstinência fortes. Achei que ele estava convulsionando, mas é a falta do remédio. O corpo treme, ele morde o tubo com muita força, se atrapalha na respiração e contrai. Ele se arranha e tenta gritar, mas o tubo abafa o som. Tem uma energia de horror nesses momentos. É angustiante assistir. Ele em coma e ainda tão perturbado. O que será que sente? O que ele gritaria, se pudesse?

Provavelmente o meu nome.

Meu pai vai embora amanhã cedo. Ficou o máximo que deu. Precisa voltar agora. Achamos que ia dar tempo de ele ver o João desentubado, mas não. A partida dele me dói muito. Um lamento enorme ecoa. Um aumento da solidão que na verdade reverbera em mim, não importa quem esteja em volta. Ele também está triste. Conheço essa expressão de culpa de quem vai embora marcada no rosto. O jeito sem jeito que ele fica pra se despedir, quando sabe o quanto preciso dele. Nada é simples quando envolve duas pessoas.

Às vezes tento olhar para trás e entender como cheguei aqui. Por que tudo pra mim sempre foi essa montanha-russa, de altos e baixos rudes. Bagunça e abandono, liberdade e encontro. Dor atrás de dor. Recomeço, sempre. Já perdi a conta de quantos. Um jogo de sorte e azar que não canso de jogar.

Disse para o João hoje a mesma coisa que disse no dia em que ele nasceu. *Tô pronta, filho. Se quiser voltar, vem com tudo, tô te esperando.* Não sei se estou pronta mesmo, não sei nem o que vem pela frente, mas sinto que está na hora de saber.

21 LEÕES

domingo ~ 03/11/2013

Organizei tudo aqui dentro hoje. O box 05 da UTI é quase o endereço de casa agora. Parece fazer meses que vivemos aqui. O espaço deve ter uns três ou seis metros quadrados. É antiga a estrutura, embora visivelmente alterada e reformada ao longo do tempo. O balcão é verde antigo e em cima dele ficam todas as nossas coisas. Uma pilha pequena de roupas do João que não estão sendo usadas. O altar desajeitado. O som portátil. Paninhos coloridos que vivo trocando da cama do João, esticando bem com a necessidade neurótica de deixar tudo parecer melhor do que é.

A volta do meu pai para o Rio me trouxe uma sensação tão intensa. Uma sensação de que aos poucos todos voltam para as suas vidas. As visitas diminuem, o apoio também. Uma vez que vinte dias se passaram e não temos nenhuma mudança, o rumo das coisas ao redor vai voltando para a fluidez normal e ficamos só nós aqui.

A melancolia de sempre do domingo me assola dessa vez com mais força. Acho que estou cansada demais. Sinto isso pelo menos uma vez por dia. Essa exaustão de tudo. Esse esgotamento físico, emocional, mental, espiritual, em todas as camadas que existo e nem sei. No outro dia acordo com uma energia incompreensível. Vou ao chão e volto, sozinha, como se me abastecesse de algo, e começa tudo de novo. Nos domingos é mais difícil. Tudo bem. Tá tudo bem.

Me dei conta hoje de que já é novembro. O Diogo viaja na semana que vem para gravar um institucional. Mais vários dias de longa ausência. Tudo bem, também. Dói tanto, não tenho corpo pra combater. A minha grande companheira aqui é a minha mãe. A presença, a forma com que ela me segura e permite que eu faça o mesmo pelo João. Os dias todos comigo. O jeito de me consolar quando nem eu mesma percebo que estou destruída. O pacto silencioso que selamos há muitos dias. O pacto de ir adiante. De não cair. De sobreviver a tudo isso. De acreditar sobretudo com o coração. De lembrar o João, nós mesmas, e todos ao redor, que ele está vivo. Que estamos, todos.

22 LEÕES

segunda ~ 04/11/2013

UTI NEWS
informa que hoje:
Desentubaram o João.

Fazia dias que estávamos testando a capacidade dele de respirar sem auxílio. Ele foi melhorando aos pouquinhos. Dr. Ari chegou hoje avisando. A menina de cinco anos que ainda vive em mim entendeu que era dia de festa. Coloquei um CD do Bach para o João relaxar. Esse tubo está há tanto tempo aí, deve doer. Saí devagar do box com medo de ele dar falta de mim. Com uma vontade imensa de ficar lá, com ele. Os médicos entraram na minha saída. Agradeci em silêncio e com um sorriso de canto. Quando esses procedimentos acontecem, as enfermeiras pedem para os familiares aguardarem do lado de fora da UTI. Fiquei grudada na porta, colada no interfone, esperando qualquer voz me chamar pra voltar. O tempo parece que não passa do lado de lá. A agonia de querer estar perto. De saber o que está acontecendo. Uma hora depois me chamaram. Ele estava com o rosto limpo. Com o rosto visível depois de tanto tempo. Fiquei fazendo carinho, beijando as bochechas com delicadeza. Parece tudo tão frágil e sensível. A pele intocada há tempos demais, sem nenhum obstáculo para me aconchegar bem pertinho.

Ele está com oxigênio por precaução, avaliando como responde sem o respirador. Mas o Dr. João disse que ele está bem sem o aparelho. Que está respondendo melhor que o esperado e que, se mantiver assim, em quarenta e oito horas eles tiram o oxigênio e aí estamos com um pé fora da UTI. Um, pelo menos. Senti tanto medo desse momento nos últimos dias. Medo de ele não suportar, de não conseguir respirar, de voltarmos dez casas. Agora parece tão óbvio: vai dar tudo certo.

O doutor Ari me puxou para falar depois. *Nunca fiz uma extubação tão inspirado. Me emocionei. E senti o João aqui.*

Ele está, doutor.

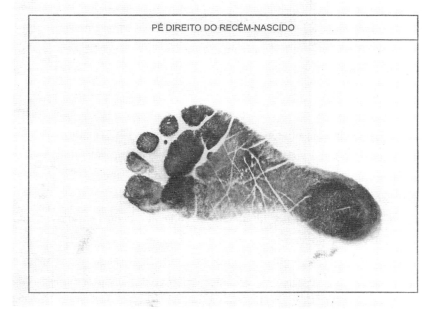

23 LEÕES

terça ~ 05/11/2013

Dia ruim é dia ruim. Aqui, ou lá fora, ou na China. O máximo de esforço que faço pra me manter sã é o mesmo esforço que me deixa exausta. Uma manutenção minuto a minuto, que não dorme, pra que o meu sistema todo não pire. Passei a criar lógicas em coisas sem sentido. Sinto nos últimos dias que não posso sair de perto do João, nem para um café. Uma sensação de ímã. Como se um fio bem fininho e transparente nos unisse. Por esse fio tão delicado nos mantemos vivos, em via dupla. Enquanto estivermos próximos, estaremos salvos. Mas um só movimento brusco, um momento sem pensar, um impulso qualquer, pode ser suficiente pra rompermos isso que não sei que nome tem, mas que existe e flui entre nossos dois corpos cansados de tudo. Pedi que a Claudia viesse me atender em um horário de visita, aqui dentro do box. Essa sensação hoje está muito forte. Quando ela chegou ficou bem emocionada. Só tinha visitado na primeira semana, quando ele ainda estava acordado, muito abatido. Ela trouxe até um brinquedo aquela vez, mas ele nunca usou. Faz tempo que ele não brinca. Falamos sobre isso e sobre o fio, e sobre como ela acha que a minha piração toda aqui dentro é o movimento mais saudável que poderia fazer, e que ela acha que não, não preciso morrer chorando se não tenho vontade, e que sim, tudo bem reagir como sempre reagi a tudo de horrível que me aconteceu, porque afinal não é momento de rever tudo isso agora, e querer mudar o mundo dentro de mim, se tudo que eu preciso é sobreviver às próximas vinte e quatro horas sem surtar nem desistir, nem quebrar algo que valha dinheiro, nem brigar com as poucas pessoas que me cercam. Ela disse que acreditar é sempre um bom lugar para organizar o desespero, mesmo que no fundo a gente saiba, e a gente sabe, que pode ter um exagero envolvido nesse acreditar, e que ela acha que tudo bem rezar pra todos os santos e fazer piadas horríveis com a minha própria vida e no outro dia ficar como uma estátua parada olhando pra ele e botar música e conversar sobre as coisas mais corriqueiras como se ele estivesse ouvindo algo, coisa que não está. Ela acha que está tudo bem. Que estou bem.

Me sinto exausta.

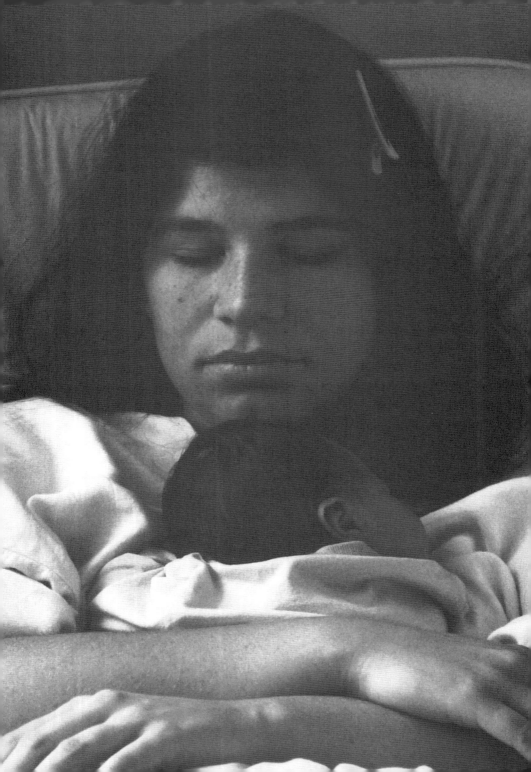

ELE PRECISA COMER

Dois dias depois de sair da CTI, ganhei alta para ir pra casa. Lembro da velocidade calma do carro naquele dia, como que por cuidado. Bati a porta mais forte que o necessário. O som brusco pareceu ecoar nas minhas entranhas cansadas e sem vontade de dar um passo sequer. Senti o olhar de todos na minha volta, a expectativa de uma felicidade que eu não sentia. Um clima de vitória esquisito enquanto dentro de mim ainda batia um coração descompassado, em ritmo meio morto meio vivo, e nada para comemorar. Subi uns lances da escada de mármore com alguma dificuldade. Alguém procurava as chaves, enquanto segurava o bebê-conforto. Olhei para a minha cadela balançando o rabo suavemente, como para me poupar, ainda que agradecida pelo retorno. *Oi, Tekila.*

Parecia que fazia anos que tinha saído dali para parir meu filho. A sala uva vazia exatamente como tinha deixado. Tudo no lugar. Os quadros coloridos da Françoise Nielly, das lembranças de declarações de amor piegas demais, heranças da primeira fase de uma paixão arrebatadora que já estava estremecida, o sofá grande e claro, e todos os meus livros expostos em duas estantes altas. Tudo igual, menos eu. Senti algo tremer, mas não consegui reconhecer meu próprio corpo. Desejei não estar lá. Ouvia as pessoas ao meu redor, mas nada fazia sentido. Eu estava fraca. Talvez morta. *Preciso deitar.*

A cama enorme, presente da sogra, que nunca engoliu o casamento do filho mais novo, pareceu pela primeira e última vez um porto seguro. Deitei e olhei pela janela. A árvore precisa ser podada. O dia está nublado e o calor insuportável. Uma brisa entrou e me fez sentir a sensação de estar em casa, porque finalmente sozinha. Acho que cochilei um pouco. Acordei com alguém me chamando e, abrindo os olhos, vi ele. Pequeno, agitado. Tão frágil. Caminhei lentamente até uma poltrona e quando me sentei logo colocaram o bebê nos meus braços. *Ele precisa comer*, disseram.

Tive vontade de chorar no mesmo momento em que tive vontade de tê-lo. Virei mãe dias depois de tocar a morte com os dedos do pé. Parte de mim ainda não estava lá. Parte ia demorar para estar.

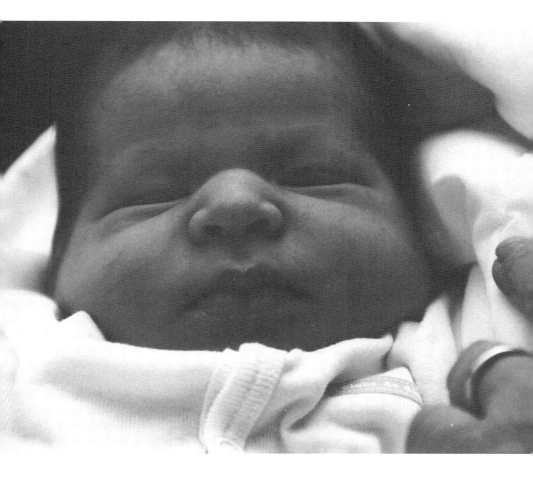

24 LEÕES

quarta ~ 06/11/2013

Ele abriu os olhos. Eu estava na sala dos pais, almoçando. Minha mãe veio apressada de dentro da UTI e gritou: *ele abriu os olhos.*

Abandonei a bandeja como deu, saí correndo até a porta da UTI. Nunca demorou tanto para atenderem o interfone. Falei confusa: *é a Laura, ele acordou.* Entrei no box sem lavar as mãos. Sem pensar. Entrei e me debrucei sobre a cama. Entre o choro, o riso e o coração na garganta, eu disse: *oi.* Nos olhamos. Breve e profundo, exatamente como no dia em que ele nasceu, a sensação de entender tudo em um par de segundos. Em seguida ele fechou os olhos de novo, para mais tarde abrir outras várias vezes. Nem consigo pensar direito. É ele. Nos reconhecemos por alguma coisa tão sutil que não posso explicar. Mas aconteceu e agora eu sei.

Algumas máquinas estão em *stand by* no box. Aguardando as respostas do João das próximas horas. Uma delas começou a apitar freneticamente agora há pouco, me aproximei e li: em espera. Temporariamente desligadas. Os ventos estão mudando.

Ele voltando, na velocidade que consegue.

Eu esperando, pelo tempo que for necessário.

laucpatron

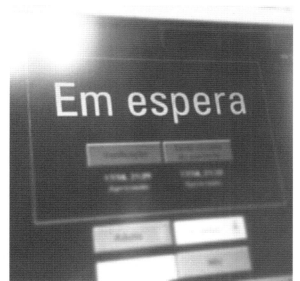

Curtido por **tainarc, camilakreitchmann** e **outras 9 pessoas**

laucpatron 23 leões.

6 DE NOVEMBRO DE 2013

25 LEÕES

quinta ~ 07/11/2013

A família do box da frente foi embora hoje. Ganharam alta. O Igor estava ótimo na saída, mandava beijos para mim e para as técnicas e pedia batata frita para a mãe. Pensei em todas as famílias que já vi indo embora daqui. Famílias que sofreram muito, mas em algum momento tudo se soluciona e eles voltam para casa para recomeçar. Invejo eles. De alguma forma sei que quando sairmos daqui nossa vida nunca mais vai ser a mesma. Teremos uma marca. Antes e depois.

Tenho ficado muito sozinha aqui dentro. Minha mãe fica no hospital o dia todo, mas quando ela entra, saio para um café ou um pouco de ar. Revezamos a poltrona dentro do box ou o sofá na sala dos pais. Nos sábados, normalmente, vêm várias visitas, aí saio um pouco, circulo, me escondo por um par de minutos, toda bagunçada. Descabelada, de pijamas, havaianas. Quando estava aqui, meu pai dizia que parecia uma fugitiva do hospital psiquiátrico mais próximo. As pessoas me olham com pena. Eu estou pouco me lixando.

O banho aqui na UTI é em um banheiro comunitário para todos os pais que estão com os filhos internados. Tem fila à noite. Hoje estava com uma vontade de ficar quarenta minutos embaixo da água quente, mas fiquei com peso na consciência. A Ligia estava esperando e ela teve um dia péssimo. A Gabriela teve uma recaída, foi entubada de novo.

Enquanto jantamos, sempre conversamos, eu e a Ligia. Fico muito inspirada pelas mães da UTI. Elas são todas tão fortes. Muralhas. Os pais sempre choram, saem para tomar um ar. As mães mergulham fundo. Prendem a respiração. Resistentes.

Ser mulher é dádiva e fardo. Tenho orgulho de todas elas. Me emociono com cada conquista e sinto que temos uma conexão brutal como ninguém mais poderia. A corda bamba em que andamos todos os dias. As mãos atadas assistindo nossos filhos escapando entre nossos dedos. O poder do amor, da esperança. As noites em claro que não sentimos. A comida ruim que comemos e nem notamos. O banho de cinco minutos para que a outra possa entrar. A agonia por notícias. A espera.

Vou rezar pelo Igor hoje, agradecer e imaginá-lo dormindo na sua cama quentinha depois de tantos dias aqui. Tenho certeza de que fizeram uma janta especial que ele adora. Deve ter batata frita. Antes de dormir a mãe dele vai ler uma história e encher os olhos d'água quando se abaixar para dar um beijo de boa-noite. Vai apagar a luz e cantar até ele dormir e quando sair do quarto vai abraçar o seu travesseiro e chorar todos os litros engasgados.

Vou rezar por todas as crianças e mães que estão aqui. Que todos saiam logo. Que todos comam batatas fritas. Que todas chorem litros.

Vou rezar por ti, meu amor.
Acorda.

26 LEÕES
sexta ~ 08/11/2013

UTI NEWS, sua atualização precisa, notícias minuto a minuto, em tempos de franca desgraça, informa:

As máquinas foram embora.

Sem respirador, sem diálise, sem monitoramento cardíaco por máquina gigante que parece extraterreste. Agora só o básico de uma UTI, que já me parece praticamente a cabeceira de casa. Teremos, finalmente, merecidamente, amavelmente, uma poltrona. Vejam só as possibilidades incríveis da vida. Eram montanhas de parafernálias intransponíveis que deixavam tão pouco espaço para estarmos com o João. Agora vazio. E sono – reclinável.

O dia não foi bom, mesmo assim. Que as coisas boas e as coisas ruins não necessariamente têm a ver umas com as outras. As crises de abstinência parecem ficar cada vez maiores. De tempo e de intensidade. Tudo, tudo, maior. Talvez justamente porque ele esteja mais consciente e acordado, o que é uma vitória, esse momento seja mais desafiador.

De novo me sinto naquele lugar horrível de impotência. O mesmo sentimento das primeiras horas de hospital, quando assistia ele se debater. O João fica fora de si. Completamente. Ele parece um bicho acuado, agressivo, descontrolado, com uma expressão de horror difícil de suportar. Todos têm medo que ele fique assim, pra sempre, mas tenho essa certeza solar de que não. De que tudo isso é o início de um novo ciclo de recuperação. Mas não sei quanto tempo vai durar.

Consigo ver que ele está quimicamente alterado, algo muito parecido com o que já li sobre dependentes químicos em processo de abstinência. Mesmo assim dói muito. Tem algo sobre a dor que observei. Me adaptei a ela. Me acostumei a sentir um tanto. Ela é a base dos dias aqui e não me assusto mais. Sinto, mas não paraliso. Sempre penso que ontem foi pior.

O Nico quer voltar esse mês. Não sei se é o momento. Não consigo dar atenção pra ninguém agora, com o João acordando e em meio a essas crises que às vezes acontecem cinco, seis vezes ao dia. Sei que o Nico não vem querendo atenção, e sim ajudar, mas o que temos de intimidade é tão pouco que a presença dele me pesa como mais uma preocupação e não como um alívio.

Só tenho pai e irmão quando acontecem tragédias na minha vida. Algumas vezes em vinte e cinco anos, portanto. Na maior parte do tempo, tenho minha mãe e avós maternos. Família sempre se resumiu a eles. De resto, silêncio. Cadeiras vazias em momentos importantes. Que exista um tempo e uma fase possível para que possamos estar juntos, desejo. Um tempo maior e melhor para sermos pais, filhos, avós e netos. Família, quem sabe.

27 LEÕES

sábado ~ 09/11/2013

Hoje é o casamento da minha comadre. Uma superfesta planejada detalhe a detalhe e com muita paixão, há meses, por ela. Meu sentimento é muito ambíguo. Sinto vergonha por isso. Deveria conseguir me sentir feliz e só, por tudo o que sinto por ela. Mas essa felicidade vem junto com uma angústia brutal hoje. E dor, muita dor.

Nós nunca fomos muito próximas. Inúmeras diferenças, algumas alheias à nossa vontade, sempre nos fizeram mais distantes, apesar de sermos primas, dividirmos o mesmo signo e um amor por dançar. Ia ser assim. Estava escrito pra ser. O que nos juntou mesmo foi o João. O João antes de ser o João. A gravidez, a ideia do que seria. Ela ficou tão feliz quando soube, abraçou tanto a minha construção nessa fase, que ainda era tão turva para mim. Senti um conforto de ter alguém a mais participando da minha vida.

Foi em um encontro de família que brincamos de encontrar o nome, e decidimos, por uma sugestão dela: João Vicente. Mais algumas conversas, almoços juntas e um chá de fralda, e estava decidido: seria a dinda. Tenho impressão de que dividimos naquele momento a sensação de que estávamos unindo novamente duas partes de uma família um tanto polarizada. Diminuindo fronteiras. Ousando amar pra fora da caixa.

Tempos depois, eu e o Diogo fomos convidados para sermos padrinhos de casamento. E o João, o pajem. Vínculos escolhidos. *Todo arreglado.* Começamos a função de achar a roupa para ele tal como a noiva queria. Mostrei tudo a ela uma semana antes da internação.

O sonho da minha comadre sempre foi casar. Desde pequena. Esse é um momento muito importante pra ela, e desejo imensamente que a noite seja linda, que tudo aconteça exatamente como sonhou, que ela esteja deslumbrante, e não há a menor possibilidade do contrário. Que no coração dos dois pulse o sim que eles tanto merecem, que seja feliz e inteiro. Que a mesa esteja cheia de doces, mas que doces mesmo sejam as pessoas sentadas ao redor desse casal querido, que se façam votos para serem cumpridos, que o deejay saiba exatamente o momento de deixar aquela música tocar, que quando se olharem em meio a toda luz, efeitos, convidados, enxerguem um ao outro da forma mais simples e mais bonita que duas pessoas podem fazer.

Mas me sinto trancada. Trancada e sozinha num sábado em que ninguém da família vai aparecer. Isolada de uma comemoração importante. Sinto a cerimônia como um marco da ausência do João, que caminharia até o altar, sorridente e de suspensório. E nunca mais vai caminhar até lá. Uma marca daquilo que ele seria e não será, para eles.

Parte de mim se pergunta: como podem comemorar a vida enquanto ele está aqui? Parte de mim responde: eles estão vivos, Laura. Partes das muitas partes de mim reverberam em discussões e sensações contraditórias, mas eu sei que estou neste box sozinha há dias demais, e sei que a dor, ela é grande demais, e que no fundo o que mais sinto é essa imensa vontade de que dê tudo certo e seja tudo incrivelmente maravilhoso. Mas não, eu não consigo ficar feliz. Eu simplesmente não dou conta. Não hoje.

Queria que nada disso tivesse acontecido. Queria voltar pra casa. E não sentir essa solidão. Preciso dormir.

me sinto muito sozinha
sozinha
sozinha
sozinha
sozinha
só zinha
só
sozinha
sozinha

28 LEÕES

domingo ~ 10/11/2013

Senti vontade de ser tocada hoje. De ser desejada. Senti vontade de prazer. De algo que me tirasse daqui por uma infinidade de segundos necessários. Que me abastecesse com mais. A Claudia veio. Tomamos um café. Ela me disse, mais uma vez, como meu cérebro é eficiente e como esta vontade era mais uma ferramenta para fugir da morte que eu morro um pouco todos os dias e de me sentir viva de novo. Equilibrar um pouco a dor e o prazer. Mudar o foco do pensamento para não bater pino. Produzir enzimas, substâncias, toxinas necessárias para sobreviver. Talvez faça sentido. Mas senti nojo de mim, de qualquer forma.

Meu casamento tá uma merda. Já estava. Agora pior. Culpo ele por não estar aqui, mesmo sabendo o que ele segura lá fora. Mesmo odiando cada vez que ele aparece. Não suporto a dor dele, a fraqueza. E aí me culpo por ser tão cruel, encontro trinta e nove desculpas para ele ser assim, vinte e cinco motivos razoáveis pelos quais seus defeitos merecem ser perdoados. Penso no imenso pai que ele sempre foi. O companheiro com quem pude contar, apesar de tudo. Mas no fundo, continuo achando ele fraco. E a fraqueza dele, desprezível.

Por que ele tem opção e eu não? Por que ficar aqui é tão óbvio pra mim, e pra ele existe uma escolha? Um direito de não se sentir preparado. A fuga é dada de presente para os homens. As mulheres não têm escolha. Virem-se com os seus medos. Deem conta, custe o tanto de vida que custar.

Fico pensando em tudo que já vivemos, os dois. Como tudo foi tão exigente pra mim e mesmo assim sempre encontrei motivos para continuar.

As crises imensas e violentas de bipolaridade desde o início, que deixaram marcas tão horríveis. A busca por um diagnóstico, algo que explicasse tudo aquilo. A angústia de me sentir responsável por outro adulto, e não saber o que fazer. A tristeza da frustração de um amor, que era imenso.

Passei os últimos meses todos batalhando para suportar tudo, acreditando que é o melhor para o João. Nós três juntos. Acreditando no conto de fadas que diz que uma família precisa de um pai para ser saudável. Mas nada disso é saúde. Não pra mim. E agora, aqui, ficou tudo tão claro. Tão difícil de fugir dessa verdade que não consigo conter mais. Não consigo disfarçar. Não acredito nem nas minhas próprias mentiras que seguraram os pilares em falso até aqui.

29 LEÕES

segunda ~ 11/11/2013

UTI NEWWWWSSSSS

Alegremente informa:

a manhã começou linda.

João estável, crises menos frequentes, olhos cada vez mais abertos e por mais tempo. Olhar vazio muitas vezes, mas não importa. É um processo. Dra. Adri avisou que é hoje o dia da alegria. Mais tarde vão me deixar pegar o João no colo, pela primeira vez. Meu coração parece um cachorro alegre saindo pra passear. Fiquei muito ansiosa e o relógio, parado. Pedi pra mãe ficar com ele um pouco, enquanto ligo para o ramal do banho.

– Oi, quero ver como está o horário do banho. Box cin...

– Laura?

– É.

– Acho que só consigo para a tarde, deixa eu ver.

– Meu filho acordou.

– Do coma?! Hoje?!

– Eles vão me deixar pegar ele no colo pela primeira vez e...

– Não!!!! Sério?!

– Sim.

– O banho agora é por causa disso???

– Sim. Quero estar bonita, acho.

– Espera aí, vou botar outra mãe na espera. Corre aqui em cima que já te alcanço as toalhas. Estou muito feliz por ti, de verdade! Como é o nome dele mesmo?

Comecei a chorar enquanto subia as escadas. É um lance só até dar de cara com a porta do banheiro. A Rô, moça que fala todo dia comigo no telefone, me esperava com duas toalhas brancas dobradas e empilhadas, e um kit, tipo de hotel, com xampu, condicionador, um sabonete duro daqueles que parecem um resto de sabonete, escova de dente, uma pasta e touca de plástico, em cima. Me esperava com um sorriso. *Tu tá chorando, menina, hoje é um dia bom, tem que comemorar.* Eu sei, Rô. Eu sei. Talvez as emoções não tenham um sentido só. Talvez seja uma via de mão dupla, meio atrapalhada mesmo. Talvez nos dias bons seja mais fácil de desaguar. Vou tomar um banho agora, botar uma roupa limpa, melhor que a de ontem, um pouco do perfume que não uso há dias. Talvez até me penteie para esperar por ele. Finalmente. Nos meus braços outra vez.

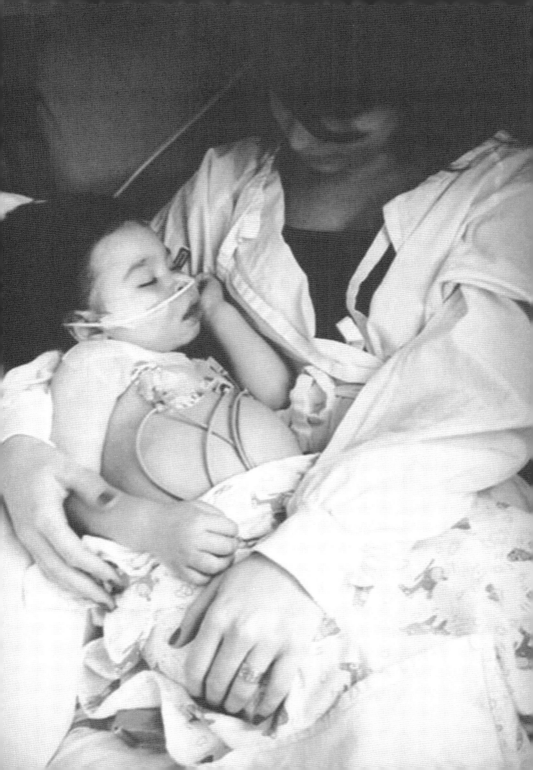

30 LEÕES

terça ~ 12/11/2013

Estou arrasada, encontrando força para escrever. É difícil às vezes, faz a gente rebobinar, organizar, racionalizar. É uma droga. Mas penso que este é o único registro de tudo o que está acontecendo. Talvez sirva de alguma coisa um dia. Uma forma de contar pra ele o que se passou.

A neurologista veio falar comigo. Pedi para ela vir. Depois de dias tentando deixar o João vivo e passar da fase de risco iminente, criei coragem para entender o que aconteceu na cabecinha dele. O que aconteceu lá dentro que faz todos me olharem com pena. Não gosto dessa médica, mas dizem que ela é a melhor. Talvez simplesmente não goste da verdade que ela traz. Devo ter projetado nela a minha raiva de tudo.

Fiz perguntas diretas.

– Como está a lesão?

– Péssima, tivemos muita perda de massa encefálica. Depois de um AVC, parte das células morre na hora e outra parte fica machucada. Só o tempo diz quais dessas vão morrer também e quais vão melhorar.

– O que a lesão comprometeu?

– Tudo. É uma área central do cérebro onde passam todos os tipos de informação. Memória, visão, aprendizado cognitivo, sensações, capacidade motora. Tudo.

Silenciei. Já era o suficiente para processar, mas ela não parou, me atravessando com as palavras que eu não desejava. Disse que as sequelas serão graves e das mais variadas. Que piscar os olhos já seria um milagre.

– O João que acordar, se acordar, não vai ser o teu João. Tu vais ter que enterrar o teu filho e aprender a amar outra criança, que ainda não conheces.

Estava de pé, mas me sentia estirada no chão. Derrotada por algo muito maior que eu, invencível. De frente com uma verdade contra a qual não tenho argumentos. Tive vontade, mas não gritei com ela. Faltou energia. Sinal da minha morte. Eu não quero um novo João. Não sei amar um novo João, não sei se quero saber. Carreguei ele dentro de mim. Morri para que ele nascesse e depois renasci para poder ser mãe. Embalei em madrugadas frias, afinei minha voz para acalmar. Dividi as canções que eram minhas. Dividi as palavras, as histórias, os meus mundos imaginários. Cuidei dos dentes nascendo. Um por um. Me fiz canal de grandes e pequenas descobertas. Ensinei para as perninhas cambotas o caminho e deixei que elas tentassem. Olhei com atenção. Pela primeira vez. Amei, com um amor que nem sabia que tinha. Eu não quero outro filho.

Um nó enorme se fez na minha garganta. Não consegui nem me despedir dela. Eu só queria ficar sozinha. Esperei uma brecha, a hora de visita, para sair. Tentar respirar. Chorei litros engasgados hoje. No dia errado. Era para estar em casa e não aqui. Era pra ser no dia que tudo isso acabasse. Me senti vazia e fraca como poucas vezes. Senti a perda crua de tudo, sentada em uma cadeira dura, sozinha, olhando para essa vista horrível. Tudo sem ele é vazio.

Eu não quero outro filho.

> MEDO, CORAGEM
> MEDO OU CORAGEM
> MEDOU CORAGEM.

Curtido por **tainarc, aliandrade_** e **outras 16 pessoas**

laucpatron Dia a dia.

Ver 1 comentário

11 DE NOVEMBRO DE 2013

31 LEÕES

quarta ~ 13/11/2013

Estou com um sentimento estranho. Ruim. Do mundo. Não estou familia-rizada com ele. Eu sei que não sou uma vítima. Sei que essas perguntas – *por que comigo?* – de nada servem. São apenas o caminho para a caixinha aquela da autopiedade. Caixinha cômoda para fugir do fato de que a vida continua. Cabe escolher como. Fiz mantras da Tara toda a manhã, coloquei música clássica, tentei conectar com uma energia maior e melhor que essa. Não vou me entregar tão fácil.

Mas a raiva não cedeu. De tarde tive consulta com a Claudia. Dessa vez no café, lá de baixo. Ela falou tanto sobre essa coisa de conter sentimentos e não encarar que existam dentro de mim coisas de que eu mesma não gosto, e que isso também precisa de aceitação, que não basta aprender a acolher a situação do João se me proponho a ser tão julgadora comigo mesma. Ok, eu estou com raiva. E não gosto disso.

Caminhando de volta para a UTI, fui barrada pela funcionária da entra-da porque estava sem crachá. Na função do troca-troca para as visitas no box, acabei deixando o meu com o Diogo.

Tentei reverter a situação com calma, mas ela foi dura e clara, sem cra-chá eu não subiria. A raiva voltou. Grande. Potente. Pressionando agora o fio que a segurava e que aos poucos foi cedendo.

– Como você se atreve? Como se atreve a me atropelar com regras en-quanto meu filho morre. Como se atreve a me olhar sem me ver. Você con-segue imaginar como estou me sentindo? Você se pergunta como foi meu dia? Ou como essa merda de crachá pode significar para mim muito mais do que a tua notificaçãozinha de merda, que não serve pra nada além de medir a competência em um emprego medíocre que sequer te merece? Vinte e quatro horas na minha pele. Nem mais um minuto. Pra você entender o que é estar aqui. Pra você conseguir fazer algum movimento de empatia pra lá do adequado, pra lá do profissional, das regras. Afinal você é gente. Deve ser. Na minha pele você era a pessoa mais sortuda do mundo. Ou se sentia assim. Você tinha um filho mágico, com uma conexão especial. A chegada dele fez você descobrir o que é o amor, finalmente. Você se sentia cheia de estrelas por dentro. E uma esperança arrebatadora batia no peito. De repente, sangue. De repente, dor. Muita dor. E mais sangue. E morte. Porque morrer não é só morrer em definitivo, é um processo. Você estava no céu e tudo desabou. O hospital é seu novo lar e faz frio. É um choque duro. Sem direito a anestesia. Tinha uma história diferente pra você virando a esquina. Você não viu. Não tinha como ver. Não tinha nada para ser feito. O soco no estômago veio para ficar. Você vai pegar a bomba com as próprias mãos. Você vai assistir segundo a segundo a contagem regressiva do fim, sem poder fazer nada. Você vai sentar ao lado do seu filho, morrendo, sangrando, com a vida sufocada e os olhos fechados. Você vai suplicar. Vai rasgar os sonhos porque nenhum deles vale mais nada se esse pedaço de você, estendido em uma cama de UTI, não respirar mais uma vez. Você vai sentir medo, muito medo. Você não sabia o que era ter medo até esse momento que te tira a voz. Você não vai poder nem gritar. Não é permitido. Você vai tentar sorrir. E acreditar. Mas vai saber que parte do seu sorriso é uma mentira. A outra parte é teimosia em resistir. Vai sorrir de louca. Você chora de noite escondida, porque não sabe se tem força suficiente para suportar. Você trocaria de lugar com o seu filho sem pensar. Você é só uma mãe vivendo um pesadelo de mãos atadas e tudo que pode fazer é tentar melhorar o percurso. Você vai sentir agonia. E raiva. Vai se sentir uma completa inútil. Impotente. Refém. Presa entre paredes finas. Você vai gritar. Pra dentro. Vai sangrar pelo nariz. Você não domina a língua que as pessoas de branco falam. Você não domina nem o seu sono à noite. Não tem direito a nenhum tipo de tranquilidade. Você nunca desejou tanto uma paz que não seja frágil. Não sabia a importância que isso tinha até perder por completo qualquer tipo de paz. Você vai sonhar com seu filho amado morto, todas as noites nos vinte minutos que conseguir sentir algum sono. Você vai pedir por amor, deus, destino. Você vai viver dias tentando conter a dor. A preocupação. A insônia. A revolta. A morte que você morre todos os dias a conta-gotas. Você vai se sentir pequenininha. Minúscula. Você vai ser quase nada. Mas por favor, continue sendo educada com os profissionais. Siga as regras e burocracias. Ande na linha mesmo sem enxergar nada. Consegue imaginar? Se pudesse sentir um pouquinho do que sinto, nunca mais conseguiria me ver como um crachá numerado. Eu seria finalmente gente pra você. Carne digna de compaixão. O meu risco iminente doeria em cada pedaço seu. Você saberia que não pode me tirar mais. Eu não precisaria te dizer mais nada. Você honraria a minha dor e simplesmente me deixaria em paz.

Não disse nada disso. Não berrei. Ninguém ouviu quando comecei a chorar, sem alarde. Ela viu. Respirou fundo e afrouxou a expressão do rosto. *Tá muito complicado?*

Expliquei que estávamos na UTI, há poucos dias comemorando um risco menor de perda do meu único filho, que nem completou dois anos. Expliquei que meu companheiro trabalhava e tinha poucos horários para vir, que nem sempre fechavam com o horário da visita, expliquei que a minha mãe era a minha grande companheira de todos os dias, e que em função disso andávamos revezando os acompanhantes. Dois crachás, três pessoas. Disse o quanto estava cansada, que não dormia e nem pensava em mais nada. Ela não me olhava nos olhos, estava muito sem graça e sem conseguir decidir. Acabou me deixando passar, contrariada. Mas nunca mais me barrou.

Liguei para o meu pai contando a história e rimos bastante. Encontrei minha mãe no corredor e menti que tinha feito o escândalo imaginário. Encenei o grande momento com riqueza de detalhes. Ela me olhou assustada e disse olhando para o nada – *chamem uma psicóloga pra essa menina, fazendo o favor.* Abandonei ela no corredor com cara de misteriosa. Parei um pouco mais à frente e olhei pra trás, ela estava parada no mesmo lugar, congelada de susto, ainda em dúvida se era sério ou não. Fiz cara de perigosa e falei: *não se mexe com uma mãe na UTI.* Ela começou a rir. A gente se conhece.

32 LEÕES

quinta ~ 14/11/2013

Meu calendário aqui dentro funciona nas quintas e nos domingos, por razões diferentes. Nas quintas, são as vozes que marcam o dia. Vozes de várias mulheres, que juntas fazem o coral do hospital. É um negócio que me arrepia. De repente, começar a ouvir aquelas vozes, todas juntas, se aproximando, cantando "Aquarela", ou qualquer música com significado suficientemente forte para abrir as portas de tantas histórias para o corredor, naquela junção de tons quase celestiais. Uma energia tão onírica em um lugar tão doído e concreto. O coral passa em todos os andares, por todas as portas, de todos os quartos, menos da UTI. Gosto de vir aqui para a salinha das crianças, esperar por elas. Quando escuto que estão vindo, me aproximo do corredor do andar para espiar. Quase sempre choro, não aguento. Ultimamente nem tento. Deixo correr e agradeço. Me sinto energizada. Pelo presente, um carinho que passa as mãos no meu rosto através da voz dessas mulheres. Mais hoje, que o coração tá tão bagunçado.

A salinha das crianças já foi um pouco de tudo aqui, nesses dias. Palco de reuniões de família muito tensas, conversas com profissionais. Foi onde assinei todos os papéis de uma burocracia absurda do laboratório do Soliris. Juntando alguns pufes, fica aqui a cama que meu pai dormiu em noites de alerta contínuo. É até engraçado, uma sala toda colorida, com mesas e cadeiras tamanho infantil, cores mil, desenhos nas paredes, lápis de cor, almofadas e DVDs animados, ser lugar para tantas coisas sérias, adultas demais. Também tivemos momentos bons aqui. Engraçados, com o pai e o Nico. Humor de péssimo gosto triplicado. Momentos de afeto, com as visitas que muitas vezes esperam aqui por algum de nós, ou quando conhecemos crianças que já estão se recuperando no andar e dá aquela esperança generosa no amanhã.

Virou um anexo, nosso. O lugar para inspirar, antes de mergulhar de novo. Ou para fugir, em meio a uma profunda falta de ar.

33 LEÕES

sexta ~ 15/11/2013

Fui para o banho, deixar a água me tocar. Senti meus cabelos mortos escorrendo na minha pele. São muitos e não param de cair. Deslizam nas minhas costas, entre as minhas pernas, ficando presos, emaranhados, atrás dos joelhos. Pensei que esta é a parte de mim mais sincera. Esta parte que se vai. Que morre, que escorre. Alguma lucidez ainda mais lúcida que eu, que sabe: nada disso tem sentido. Que sabe que não posso segurar lágrimas, que não posso frear e fingir e me enganar por tanto tempo.

A resistência é uma fantasia que criei, ainda pequena, para ser gente. É só uma fantasia estúpida. As pessoas me olham e me reconhecem por uma força que grita. Sou a fraqueza escondida, obcecada por seu disfarce. Não mereço méritos e condecorações. Foi abaixo de dor que me fiz assim. Foi ausência de permissão para sentir. Ausência de permissão para mostrar algo mais que sou, e nem sei. Talvez, se meus cabelos caírem todos nesse ralo, tenha que finalmente me encarar em um espelho ainda mais frio do que eu. Sem cobrir meus olhos, sem encobrir meus medos.

A Claudia disse que a minha capacidade de suportar a dor é incomum. Lembrei do enterro do vô Tatá. Estava muito frio em Montevidéu quando descemos do ônibus, ainda de madrugada. Na viagem minha mãe tinha tentado me explicar o que era a morte. Da altura dos meus seis anos só consegui pensar que sentiria saudades. Meu *viejo* doce e sereno, nem parecia ser um de nós.

Cheguei sem saber o que era um velório. Já estava lá quando soube. Tinha muitas pessoas. A maioria eu não conhecia. Algumas sentadas, outras em grupos conversando de pé, algumas sérias envoltas em pensamentos distantes, outras sorriam pra mim. O lugar era grande. Dois salões enormes, com luz amarelada, e o barulho de conversas paralelas. Sussurros. Cochichos sobre um homem. Sobre uma vida que ninguém mais tinha vivido. Tinha um cheiro de algo que ainda não conhecia no ar. Eu não sabia que ele estava ali. Não sabia que o seu corpo estaria exposto, como um banquete em uma mesa, uma obra para ser vista. Não sabia que ia vê-lo morto. Eu não sabia como um morto era.

O seu corpo sem cor não parecia em nada com o seu corpo vivo. A roupa elegante não era o meu avô, sempre simples, sujo da terra, com cheiro de suor na pele enrugada. O caixão de madeira escura e trincos dourados. Suas mãos posicionadas como um boneco. Senti medo e dor dividindo o mesmo segundo. Uma estranheza tremenda.

Lembrei dele meses antes, sentado ao meu lado no degrau gelado de mármore da entrada da casa, tentando me dizer sem jeito que tudo passa, enquanto secava meu rosto molhado de raiva, que ainda cabia na sua mão. Ele combinava com o sol. As lembranças correram com as lágrimas.

Ele se exibindo com as flores quando meu aniversário chegava, eu acocada do lado dele observando sua velhice que ficava colorida no jardim, nós dois comendo *biscocho* em silêncio, a *calle* Siracusa, larga, calma, as árvores dançando com uma brisa que chegava sempre na mesma hora, a Randy latindo enquanto ele sorria, menos discretamente quando estávamos juntos. Chorei abraçada na perna de alguém até meu pai chegar. Os olhos negros, capazes de enterrar alguém sem usar mãos. As sobrancelhas cerradas. *Já chega. Olha ao teu redor. Tem pessoas sofrendo muito aqui. Não seja egoísta. Tu não pode chorar.*

Não deve ter sido a primeira vez que ele me derrubou. Não foi a última. Engoli o choro e um pedaço de mim naquele dia. Ainda entalado na garganta. Lembro da minha mãe, que passava da pequena cozinha para os dois salões, atendendo a todos, com café, água e alguma coisa de comer. Ela também não tinha nenhum direito de sentir. Nem questionava.

Passei o resto do velório atrás de uma bandeja, equilibrando xícaras de café pesadas para pequenas mãos, oferecendo qualquer coisa que fosse com meus sorrisos maduros que pediam licença, recolhendo guardanapos usados cheios de batom e alcançando lenços de papel para minha vó, que chorava culpada pelo homem que nunca soube amar.

Antes de fecharem o caixão provei a minha rebeldia. Subi em um banco de madeira e dei um beijo na testa do meu avô, de pele gelada e olhos fechados. Imaginei os dois pequenos e da cor do céu. Bolas de gude. Fechei os meus também na tentativa de guardá-los em alguma gavetinha mágica. Horas de velório tinham me feito entender. Nunca mais olhariam pra mim.

Tu não pode chorar. Quantas vezes me repeti essa frase. Esse eco. Tu não pode chorar. Tu não.

A toalha do hospital é áspera. Eu nem sinto mais. Enxuguei o corpo ainda quente e as lágrimas que não caíram, como fiz tantas outras vezes. O corpo quente e as lágrimas não caídas. Passei pelo espelho e não me reconheci. Parei, olhei meu corpo, minhas mãos, minhas cicatrizes e as muitas marcas que ninguém mais vê. Vesti qualquer coisa que trouxe na mochila, qualquer coisa parecida com o que vesti ontem e com o que vou vestir amanhã, arrumei os cabelos do jeito que deu. A cara continuou péssima. *Quem é essa menina tão triste?* – me pergunta uma voz familiar. Enfiei um rímel nos cílios. Descobri uma bolsinha com maquiagens que estranhamente apareceu nessa mochila. Minha mãe talvez saiba explicar. Comecei a rir de deprimente que tudo isso soa. Treinei um sorriso menos mecânico. Nada funciona. Dessa vez o tombo foi duro.

Dessa vez eu não consigo enganar ninguém.

34 LEÕES

sábado ~ 16/11/2013

Filho,

Me disseram esses dias que nós vamos começar do zero. Que vamos ter que recomeçar tudo, como se nunca houvéssemos sido. Senti tanta dor, por tantos dias, que só hoje me dirijo a ti. Talvez tu tenhas me perdido aí dentro. Talvez não te lembres de nada que vivemos até aqui e meu rosto não te seja mais familiar quando acordares. Talvez não saibas mais reconhecer meu cheiro na multidão. Nem conheças as tantas brincadeiras que inventamos e nossos segredos de dupla de dois. Talvez. Mas eu não te perdi dentro de mim. Tu estás aqui. Por toda parte. Todas as tuas memórias, todo o afeto que me deste, toda a imensidão do que trocamos me alimenta e me faz viva, esperando por ti. Esperando pelo teu renascimento, que seja. Não importa. Que a vida escolha, então, te dar duas vezes para mim. Que a vida me teste, em um novo parto dolorido. Eu posso aprender a amar um novo João. Eu aprenderia a te amar infinitas vezes se assim fosse preciso. Posso me apresentar de novo. Talvez agora seja até melhor. Posso deixar as tuas mãozinhas percorrerem o meu rosto para calcular a distância entre um olho e o outro. Deixar que tu sintas o calor do meu peito mais uma vez. Esperar que te acostumes com a minha voz. Posso cantar todas as nossas músicas de novo e de novo, ou escolher novas. E descobrir quais músicas serão as tuas, nessa vida que chega. Aprenderemos a nos comunicar, tenho certeza. Inventaremos novos segredos. Nunca houve um limite. Outras formas de estar serão descobertas. Nossos olhares vão se encontrar porque será a minha mão na tua. Seremos nós dois, de uma forma ou de outra. Então, não importa. Nada disso interessa, no fundo. Eu não te perdi. Me lembro de tudo e vou refazer o caminho. Vou ao teu encontro, recriar memórias. Te mostrar a lua e o sol. Te ler poemas outra vez. Te contar tudo que sei sobre árvores e pássaros. Te ensinar sobre gargalhadas e o que é amor, já que da primeira vez foste tu o professor e, por isso, agora eu consigo. Não importa quantas vidas teremos. Cada uma delas é um presente para mim.

Contigo, sempre.

A DESCOBERTA DO MUNDO DELE

É sempre tentador enfeitar a própria história. Dizer que foi amor à primeira vista. Que sempre quis ser mãe. No dia do parto achei que estava pronta, mas o meu corpo gritou o contrário.

Como muitas mães, sonhei com a amamentação. Mas a realidade era mais complexa que meus desejos. Depois de transfundir metade do sangue necessário no corpo, estava completamente anêmica e fraca. Tinha passado por uma enorme violência. Mesmo assim quis fazer o processo. Amamentava o João e nas próximas horas tinha que deitar e dormir, porque tremia inteira. Minha anemia não melhorava. Todos os nutrientes que conseguia colocar para dentro iam para a produção de leite. Não me sentia conectada com o meu filho verdadeiramente porque mal tinha condições de estar perto. Amamentava e fim. Minha mãe e o Diogo cuidavam dele. Comecei a me sentir deprimida. Sem força emocional para superar aquele momento de fragilidade física extrema. Pedi ajuda, uma amiga me indicou uma psicóloga e foi assim que a Claudia entrou na minha vida. Uma pessoa que seria fundamental desde o dia um até a nossa despedida, dois anos depois.

A Claudia entrou suave e lá pelas tantas me deu uma dura: *Ou tu vai amamentar teu filho e só, ou tu vai ficar bem e te tornar mãe. Na tua história, vai ter que escolher.* Foi assim que, quase três meses depois do nascimento do João, decidi parar de amamentar. Chorando muito. Me culpando muito por não ser uma supermãe. Por não ter força o suficiente. Mas nos passos seguintes aconteceu exatamente o que ela previa: minha saúde começou a melhorar, sem amamentar minha energia triplicou, e eu conseguia cuidar do

João em tudo, e finalmente me tornei uma mãe intensamente conectada com o meu bichinho. Meu leão.

———

Os meses que se seguiram foram de muitas descobertas por segundo. Um mundo novo se abria, o mundo dele. E modificava tudo no meu. O João era um bebê alegre, risonho, curioso e muito inteligente. Amoroso, o tempo todo. Rápido. Com sete meses a pediatra me disse em consulta que eu tinha um bebê com capacidade motora compatível com nove. *Que novidade, doutora,* ironizei. Com dez meses ele arriscava os passos, com onze, subidas em árvore. Cada conhecimento novo dele me impressionava. Líamos muito juntos, brincávamos por tudo. Inventando nossos próprios continentes.

O João e o Diogo, os meus meninos, como eu chamava, tinham uma ligação muito forte um com o outro. Talvez porque se viram juntos e assolados pela minha ausência, naqueles primeiros dias. Talvez porque os olhos negros do pai foram os primeiros que o João encarou e onde buscou morada. Talvez porque o Diogo tenha alimentado ele, todo sem jeito, sabendo que poderiam ser só os dois dali para frente. Eu voltei, mas as promessas já estavam feitas, e eles, inseparáveis.

Com um ano, minha saúde estava recuperada e o João foi para a escola. Turno integral. Me doeu um pouco, mas eu precisava e queria voltar a trabalhar, produzir, criar. Tinha quase morrido, me tornado mãe, vivido um intenso ano dedicado ao meu filho, e me sentia a meses de distância de mim mesma.

Já conseguia definir algumas coisas sobre o João nessa fase, mas na interação dele com outras crianças e com as professoras descobri muito mais. A turma dele se misturava com uma turma de crianças um ano mais velhas. Eram muitos meninos. Um dia chegou o primeiro bilhete sobre o João ter mordido um colega. Fiquei horrorizada. Mas era só o primeiro de muitos em poucas semanas. Marcamos uma reunião. Eu não entendia. Ele era uma criança alegre e doce, acostumado a estar com pessoas, nunca tinha apresentado um comportamento assim. A professora me explicou que, na verdade, o que ela estava observando era que o João defendia os seus colegas – o seu grupo dos pequenos – dos meninos mais velhos. Ele tomava a frente de disputas que nem eram dele, para apoiar os amigos. *Um líder nato*, ela disse. Também falou que no resto ele tinha atitudes incríveis. Ajudava a organizar a sala, era extremamente afetuoso e encantava todo mundo. Por gosto. Foi estranho reconhecê-lo através de outros olhares que não fossem os meus. Me questionei se não estava errando em deixar ele tanto tempo lá, mas semanas mais tarde o problema estava resolvido, e os bilhetes cessaram.

No primeiro dia de hospital, enquanto achava que estávamos diante de uma diarreia violenta e nada mais, saí algumas horas da emergência para fazer uma reunião com um cliente novo, deixando o João com a minha mãe. Menos de vinte e quatro horas depois ele entraria em coma em um mergulho profundo que nos carregaria para o fundo, desgovernados. Até hoje esse é meu único arrependimento – os momentos em que abri mão de estar com ele. Não pelo que aconteceu depois, mas pelo tempo que perdi de conhecer o João quando ele tinha todas as ferramentas para me abrir as suas janelas e se apresentar, bem exibido.

35 LEÕES

domingo ~ 17/11/2013

UTI NEWSSSSSSSS

Rebolativamente pergunta:

Quem vai ganhar alta da UTI amanhã?

E vai para um quarto iluminado no andar?

Quem, quem, quem?

Um leãozinho gostoso, amado, maravilhoso. Se acertou ganha um beijo na testa. Eu tenho tantas, mas tantas dúvidas sobre isso. Sérias dúvidas. Os médicos estão confiantes. Ele já não depende de nenhuma máquina. A crise de SHUa não dá mais nem sinal. Os remédios estão cada vez com menos efeito e as crises diminuindo. Cada vez faz menos sentido mantê-lo aqui. Talvez seja a hora, talvez eu só esteja com medo de tudo lá em cima. Depois de trinta e tantos dias me custa acreditar que podemos ir embora. O andar é um passo mais perto de casa, mas é também um teste de como será essa volta. Se daremos conta ou não. Sinto que preciso andar em movimentos pequenos, despretensiosos, calculados sem pressa. Continuar sem calendário, perdendo horas. Continuar inteira em cada minuto. Estar com ele, aqui. E hoje, só hoje, o domingo não vai ser triste. O domingo vai ser de preparação. Vou empacotar nossos santos e CDs, cartas e as fotos da parede, porque amanhã nós vamos subir. Trinta e cinco dias depois, nós vamos subir.

36 LEÕES
segunda ~ 18/11/2013

Tinha sol. Do lado de fora e dentro de mim. Tinha sol e talvez até uma música, que importa se imaginária, enquanto subíamos a rampa do corredor branco rumo ao andar. Duas técnicas levavam a cama com o João deitado nela. Eu e a minha mãe caminhávamos ao lado, saltitantes e de braços dados, com os olhos cheios de água. Ainda não é nem meio-dia e esse é meu dia preferido, tenho certeza. Pensei também que meu pai deveria estar aqui.

O quarto é enorme. Parecido com o outro em que ficamos, mas é bege-escuro e o leito do João fica do lado contrário. Ele chegou dormindo e assim permaneceu, enquanto arrumávamos tudo. Colei as fotos, montei nosso altar em uma mesa, fiz lista do que preciso que me tragam agora que temos espaço de novo.

No meio da tarde, o sol entrou no quarto. Foi nos visitar. Quanto tempo sem sentir o sol assim, na pele. Me senti muito agradecida por tudo. Tive vontade de chorar. O sol benzeu os santos que não conheço, mas reverencio. A companhia deles tem me feito menos sozinha e mais humilde. Saber pedir. Saber receber.

O Diogo veio e fez aquela festa. O Diogo e a intensidade vulcânica, para um lado ou para o outro. Minha mãe foi pra casa tomar banho e descansar, porque hoje ela dorme comigo aqui. Vou tentar descansar um pouco também. As técnicas me disseram que aqui no andar é bem mais puxado para a família e quero estar preparada para merecer a nova fase.

37 LEÕES

terça ~ 19/11/2013

Sem UTI News porque não estamos na UTI mais. Eu preferia que estivéssemos. As crises de abstinência ficaram muito, muito piores. Menos espaçadas e bastante intensas, está quase impossível acalmar ele. Aqui no andar é muito diferente. As técnicas de enfermagem atendem vários leitos cada. Não estão disponíveis para o João, como na UTI. As coisas aqui demoram. Muito. Hoje ele arrancou a sonda da alimentação do nariz. A técnica da manhã foi aspirar antes de chamar a enfermeira para recolocar e acabou machucando ele. Fiquei muito irritada. Parece que as coisas não são feitas com a calma suficiente. Não pode ser normal machucar um paciente que já está tão machucado. Queria poder fazer eu mesma.

De tarde, veio uma outra técnica, diferente de ontem. O nome dela é Renata. Gravei porque ela tem tipo a minha idade ou menos e uns olhos verdes enormes. As duas coisas me impressionaram. Ela estava muito nervosa e ficou ainda mais quando viu a crise do João. Estava sorridente, se esforçando para ficar calma, mas o cenário a desestabilizou. Fiquei com pena pensando que pra elas também não é fácil.

A Renata batalhou comigo pra que chamassem alguém, precisávamos autorizar uma medicação mais forte para as crises. Estou tão assustada aqui. Perdemos o contato direto com médicos. Perdemos o tratamento de urgência. Não passaram nem vinte e quatro horas e parece que já faz três dias. Briguei tanto com todo mundo do andar hoje. Vou enfrentar a noite exausta. A Renata acabou de passar o plantão. Exausta também.

38 LEÕES

quarta ~ 20/11/2013

Hoje de manhã foi o pico mais intenso de abstinência que vi o João passar. Foi horrível. Ele estava incontrolável e se retorcia com tanta força que parecia que os ossos iam quebrar. Tivemos que conter ele. Amarrado. No meio da confusão, a Renata veio dar o antibiótico. Ela ficou visivelmente nervosa com o estado em que o João estava. Quando foi ajeitar o remédio na seringa, acabou jogando todo o líquido na parede. Achei que ela ia passar mal. Primeiro eu ri, ela também. Mas depois ficou vermelha e achei que fosse chorar. Talvez tenha chorado escondida em algum canto quando saiu daqui. Não vi mais ela, porque em seguida o Dr. João chegou e decidiu que é melhor retornar para a UTI e refazer a ressonância. Arrumamos tudo mais uma vez. Descemos a rampa do corredor branco. Dessa vez sem angústia. Pelo contrário. Bastante aliviada, confesso. Era o que queria, estar segura outra vez.

Vou pra casa agora. Deram uma medicação forte para o João e ele apagou. Ando muito cansada e a minha mãe me convenceu a ir para tentar dormir uma ou duas horas, enquanto isso. Não sei se consigo. A cada passo pra longe da UTI meu corpo se afasta, mas a cabeça continua lá, grudada nele. Junto com ela.

O nível de doação aqui é tão intenso. Diário, hora após hora. É tudo tão forte. A presença da minha mãe é tão potente. Uma parte de mim pensa que ela me devia isso, por tudo que sofri sozinha quando escolheu não estar. Mas uma parte muito maior e menos egoísta pensa como ela é maravilhosa, como tem sido o laço que me segura, por escolha, e o quão grata me sinto por isso. E aqui gratidão se mistura com perdão de um jeito bonito, e assim como o amor, de um tipo que não precisa ser pedido. Acontece quando a dor para de subir pela garganta a cada divergência. Deixa de fazer morada nas entranhas. Não movimenta raiva. Não vai mais voltar.

Lau Patrón
21 de novembro de 2013

Es tu risa la espada
más victoriosa.
Vencedor de las flores
y las alondras,
rival del sol,
porvenir de mis huesos
y de mi amor.

38 leões. Rival do sol, quanto tu me ensinas sobre a coragem e o medo. Quanto tu me ensinas sobre o amor.

39 LEÕES

quinta ~ 21/11/2013

Ontem minha ida para casa foi um desastre. Se era dormir o que eu precisava deveria ter ido para um hotel ou para a casa de qualquer pessoa. Não a minha. Não girar a chave que abre uma porta com tantas memórias.

Não tinha ninguém. Tudo limpo e organizado. A casa vazia. A casa vazia e sem nada, porque ele não está. Tudo vira tão pouco. Os brinquedos organizados. Intocados há tantos dias. Pedaços de plástico e madeira sem sentido.

Passei pela primeira porta fechada. Na madeira marcas de mãozinhas de tinta e palavras grandes que dizem: *Ateliê do João*. Minha garganta ficou seca. Um desconforto enorme tomou conta de mim. Queria voltar para o hospital correndo. Devia ter voltado. Passei pelo quarto do João pela primeira vez em mais de trinta dias. O quarto do meu bebê esperado. As paredes verdes pintadas pelas várias mãos que esperavam por ele. O berço arrumadinho com o lençol de que mais gosto. As fotos dele por tudo.

Peguei a corujinha que ele abraçava todas as noites. Levei ela devagar ao encontro da minha barriga. A dor veio e cresceu antes que pudesse pensar. Não sei quanto tempo demorou para virar grito: *Meu filho. Meu filho. Meu filho.* Meu pequeno e doce e alegre. Repetia sem parar, querendo dizer tanto, mas sem força para dizer nada. Despedaçada. Uma vontade de quebrar tudo em mil pedacinhos cresceu em mim. Uma vontade de protestar por tanta injustiça. De berrar e perturbar todos os deuses se eles existem. Que não consigam dormir, ou dançar, ou reinar. Que meus gritos desconcentrem tudo. Não aceito. Eu não aceito as ordens superiores. Não aceito o aprendizado se ele depende da perda do João. Desonro a minha missão. Quero que o destino vá pro inferno.

A fúria que seguro todos os dias se misturou com a imensa dor que escondo. Uma vontade de acordar desse pesadelo e não me sentir tão impotente. Por que com ele? Por que com ele? Me descontrolei e chorei e gritei e me debati no chão com violência não sei por quanto tempo. Em transe. Até que meus sogros invadiram a casa, me juntaram do chão e me tiraram dali. Levei horas para me acalmar. Depois minha comadre e minha dinda me buscaram para almoçar. Fiz as unhas, que estavam acabadas. E voltei pro hospital, para continuar.

Ele melhorou muito hoje. Clinicamente. Entrou uma nova medicação e as crises estão mais controladas. Está um pouco grogue, mas os momentos de presença foram maiores. Chorou menos na fisioterapia e fez algumas expressões faciais conhecidas por mim.

A ressonância ficou pronta e o resultado é o que já esperávamos. Ele teve uma perda enorme de massa encefálica. Muitas das células que tinham ficado machucadas morreram. Estou tentando não me deixar impressionar muito. Venho me acostumando com essas informações há dias. Trabalhando em cima das piores possibilidades. Nada muda o fato de que ele está aqui.

Me prometi, antes de dormir: nunca mais repetir o mantra dos porquês. Nunca mais questionar o que já é. Nunca mais perguntas inúteis. Essa é a nossa vida e nós vamos viver.

40 LEÕES

sexta ~ 22/11/2013

Voltar para a UTI foi a melhor decisão. Aqui me sinto segura. Tranquila. Uma sensação de casa, fruto da maluquice de tudo isso que vivemos. Aqui tem controle, apoio ao alcance de um grito. Não se espera na UTI. As coisas acontecem. Vamos subir para o andar quando estivermos todos prontos.

As crises continuam, mas cada vez menos intensas. O João anda mais tranquilo, e nesses momentos de tranquilidade, às vezes fica bastante ausente, em outros momentos ancora e me olha profundo. E reage a todos nós. Tudo muito aos pouquinhos. Tudo muito comemorado.

À tardinha conheci a Dra. Marcia, que veio cuidar das lesões provocadas pelos dias entubado. Vão aplicar sessões de laser para tratar das feridas. Ela foi muito querida e atenciosa com o João. A equipe que veio junto também. Delicados, todos. Como uma cultura que ela deve ensinar e manter na sua clínica.

Conversamos um pouco depois. Ela me perguntou o que tinha acontecido com ele. Contei. Me senti tão cansada que sentamos. Ela me olhou profundo.

– Escuta, a primeira vez que vi um cérebro foi na faculdade. Já faz muitos anos. Lembro perfeitamente. O tecido quase transparente, o labirinto sem caminho, a imensidão do que acontece ali dentro. O cérebro não é da Terra, entende? Não é um órgão dos homens. Não funciona com a nossa lógica. O cérebro é um órgão de deus. E eu nem acredito em deus nenhum, mas acredito nisso. Nunca um homem vai desvendar o enigma todo. Não foi feito pra ser desvendado. O milagre da vida mora ali. Não aceita prognósticos fechados. Ele é muito novo. Pode encontrar caminhos que a ciência desconhece, mas que o amor não. O cérebro é sagrado, Laura.

Fez tanto sentido que fiquei sem sono. Mas dessa vez com uma insônia boa, construtora de caminhos mentais. Caçadora de soluções para o nosso futuro. Desafiador, mas feliz. Anotei algumas coisas para falar com o Dr. João amanhã. Quero pedir pra que ele seja o pediatra do João daqui pra frente, lá fora. Quero pedir pra que seja meu guia. Quero uma segunda opinião neurológica. Quero saber detalhes do que ele vai precisar quando sair daqui. Temos que trocar ele de quarto. Reformar o banheiro. Traçar um plano bem--desenhado, estruturar a nossa nova vida. Porque se o cérebro é sagrado, e o meu amor infinito, a palavra *impossível* cai em desuso.

41 LEÕES

sábado ~ 23/11/2013

Dancei no corredor hoje. Não, não foi discreto. Sim, tinha pessoas circulando. Dormi muito mal essa noite e acordei com uma música da Beyoncé na cabeça. Quis subir pelas escadas, na volta. Mexer o corpo enquanto cantarolava a música. Quando cheguei no corredor sentia que carregava fones de ouvido mágicos. A música estava no volume máximo e eu tinha poderes de invisibilidade. O ambiente não parecia uma pista de dança, seria exagero falar o contrário. Mas tinha espaço e as minhas pernas precisavam dele.

Dancei no corredor, e acho que talvez tenha cantado alto. Não fui recriminada por ninguém, que tenha notado. Mas confesso não ter reparado muito. Quase dobrando à esquerda, na curva que faço para descer de novo pra onde não quero, a enfermeira do andar me parou sorridente. *Dia bom?*

Respondi: *não*. Sorridente também. Ela ficou com uma expressão confusa. Eu segui. Vê bem se é em dia bom que a gente precisa dançar no corredor, minha senhora? Esse nível de desprendimento emocional e desligamento do senso do ridículo é para os piores dias. Aliviou.

Fiquei pensando sobre o que constrói quem somos. Quem constrói. Nossas experiências e escolhas são uma mistura de nós mesmos com os outros. Cada ambiente. As verdades absorvidas. Palavras ouvidas. A minha infância foi um maremoto de informações sobre o mundo. Pais normalmente subestimam a nossa capacidade de captar, compreender, pelo menos algum significado das complexidades não ditas.

Desde a adolescência meu coração virou uma reprodução do nosso primeiro apartamento, um lar para náufragos. Achei por tempo demais que podia salvar alguém, uma pretensão ingênua. Precisei me afogar junto muitas vezes para entender. Sempre me comprometendo com o sofrimento alheio, com processos que não eram meus, sentimentos que eu não poderia medir e esforços que eu não poderia doar. Amizades, amores, causas. Algumas vezes deu certo, o que de alguma forma me conforta.

Esses dias disse para a Claudia que não quero mais nada partido. Que não quero mais me aproximar de pessoas que precisam de ajuda. Ela riu.

– Nada é inteiro, Laura. Que pássaro vive a vida toda sem machucar uma asa? O problema não é esse. Tu tem que parar de ser a salva-vidas. Tu precisa cuidar de ti, as tuas asas estão estraçalhadas e tu tem tanto medo de olhar para o teu ferimento que olha para o dos outros. Cuidar do ferimento que não arde em ti é muito mais fácil. E não estou diminuindo a doação envolvida. Mas é uma fuga. Uma enorme fuga. Talvez o João te obrigue a olhar, pela primeira vez, para o que realmente te dói. Talvez te faça perceber que tu não tens como genuinamente ajudar alguém quando precisas tanto de ajuda.

Acho que não sei cuidar de mim. Não aprendi ainda. Nunca achei que merecesse. E agora que o João precisa tanto, parece que faltam reservas disso, que sempre faltou.

42 LEÕES

domingo ~ 24/11/2013

UTI NEWS

Informa que hoje tem pixxxta no box 05.

Botei música animada pra tocar. Um CD da Arca de Noé só com artistas populares, Caê, Zeca, Ivete. Me encorajei. Depois do banho de álcool gel, peguei o João no colo. Pela primeira vez em sei-lá-quantos dias me arrisquei a ficar de pé com ele nos meus braços. Não segurei ele deitado como um bebê. Não. Encostei ele no meu peito, cabeça acima do meu ombro, na vertical. Que coisa absurda de maravilhosa a sensação do rostinho dele perto do meu, e ele assim, encaixado no meu colo. Falei: *cara, nós vamos dançar. Faz tempo, entendeu? Precisamos mexer o corpo. Precisamos sentir movimentos e precisamos fazer isso juntos.* Ele me olhava, desconfiado de tudo mas confiando em mim. Dei uns primeiros passos com mais ritmo. No som. Ele ficou bem. Acelerei um pouco o balanço. Ele gostou. Ficou quietinho com a cabeça encostada em mim, enquanto eu delirava no quadradinho de chão vago dentro do box, fazendo pequenas voltinhas e balançando. Minha mãe entrou e ficou rindo. Se aproximou e começou a dançar também. A enfermeira veio até a porta e disse: *Não me avisaram que ia ter festa.* Rimos todos. O riso tem uma magia. Essa coisa de contagiar, mudar o enredo das horas. Tomar conta de um lugar, grande ou pequeno. Por isso que cura. Dançamos. Pela primeira vez, de novo. Duas ou três músicas. Pareceu uma festa inteira. Mudou o ar. E hoje, pelo menos hoje, estamos bem.

laucpatron

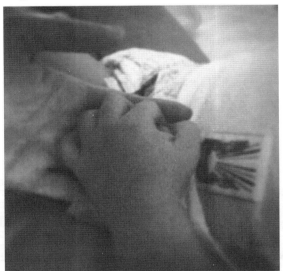

Curtido por **tainarc, camilakreitchmann** e **outras 14 pessoas**

lastshot_lastshot Linda foto

22 DE NOVEMBRO DE 2013

43 LEÕES

segunda ~ 25/11/2013

De manhã a técnica veio para darmos banho no João. Aquele banho de gato. Lavei todo o corpo e ele imóvel. Quando fui lavar os cabelos, olhei e ele estava tão fora da órbita. Os olhos vazios, apontando pro teto, sem expressão. Mexi nos cabelos e viajei para longe. Para antes. Lembrei dele sentado na banheira de plástico, brincando no banho. Pegando o chuveirinho para fingir de microfone enquanto cantarolava e depois inclinava a cabeça para trás para me provar que sabia boiar. E ele sabia.

Tive vontade de vomitar. Vomitar choro. Pedi licença e saí do box. Apressada, alcancei a porta da UTI e cheguei no banheiro. Tentei vomitar, mas estou vazia, nesse estômago não tem comida há dias, só dor. Comecei a urrar. Misto de grito e choro. Misto de dor e dor.

Tenho medo de que ele fique assim pra sempre. Medo que ele seja nada. Um ser que respira e só. Medo que ele não seja mais ele, que fique cheio de sequelas e com uma vida ingrata pela frente. Preso a uma cama? Ou a uma cadeira. Preso a companhias necessárias. Fraldas. Sondas. Saliva. E mais nada. Uma vida de merda.

Saí agora do quarto, não quero que ele me escute dizendo essas coisas. Estou cheia de pensamentos ruins.

Dormi um pouco de tarde. Sonhei que tinha filhos gêmeos e levavam um deles embora, para longe de mim. Eu chorava muito e implorava para que trocassem, podem levar este aqui que ficou comigo, mas devolvam o meu João.

Às vezes é tudo tão surreal que não processo o que está acontecendo. Lavar os cabelos dele hoje foi um choque direto. Eu perdi o João. Mas como posso falar isso, se ele está aqui, vivo? É tão confuso. Perdi uma parte dele. Perdemos. Uma parte muito importante. Será que o João lembra de tudo que vivemos? É tão insólito, injusto. Ele é tão pequeno, com tanta vida e uns mil caminhos.

Será destino? Será que isso existe? Um incerto destino destinado que já sabia. Que já tinha escrito. Que acabou com a gente.

44 LEÕES

terça ~ 26/11/2013

Estamos reformando o quarto que era o ateliê do João. Não vi nada. Dou opiniões pelo telefone. Era um espaço dele de bagunça, onde ficavam tintas, argila, papéis, espaço para devaneios mil, que ele adorava. Agora vai ser o quarto, mesmo, porque é maior que o anterior, e vai caber melhor toda a estrutura de que precisa. Tem um monte de pessoas ajudando.

O Doug mexeu com uns contatos de trabalho dele e acabou conseguindo desconto na tinta hospitalar, um móvel pro banheiro de presente. Estão construindo a banheira, já que ele não fica mais de pé e está muito grande para as convencionais de plástico. Comprei uma cama de solteiro para dormir ao lado do berço. Pedi pro Diogo mudar as cores de tudo. Comprei pela internet algumas bobagens de enfeite. Não quero que se pareça em nada com o quarto antigo. Me pergunto pra quem é essa mudança toda, e sei que apesar das novas necessidades do João, isso tudo é muito mais para mim. Eu não suportaria.

Comecei a sentir um medo imenso de ir embora. Para casa. Como vamos controlar o coração dele? Entender se está tudo ok? Como vamos saber se está saturando? O monitoramento contínuo da UTI talvez esteja me deixando louca, mas a verdade é que tudo que aconteceu é muito grave. Eu escolho fazer a louca, muitas vezes. A que não escutou a mensagem até o final. A que entendeu errado o sentido. A que vê beleza em qualquer raio de sol que bater na janela desse box. A que dança com ele no colo comemorando algo que não sabe o quê. Mas o João não é mais aquela criança saudável com todas as possibilidades nas plantas dos pés. Ele não é mais. Nada está no lugar.

A impressão que tenho é a de que jamais será estável de novo, estaremos sempre nessa dúvida, na apreensão do que pode acontecer, de repente. Cada vez que penso nisso, sinto uma angústia muito profunda. Nem sabia que podia ir tão fundo. Mas ela vai. O futuro sempre foi um mistério, mas agora ele ficou um tanto sombrio, também. Um mistério que causa medo, e não mais uma expectativa de aventuras. Um mistério que me diminui. Me sinto fraca e despreparada, e esse não é um lugar cômodo pra mim. Como voltar pra uma casa cheia de memórias? Fantasmas do que fomos.

Y no es tan trágico mi amor, Fito diria, confiando na pequena que ele sempre guiou. Sem saber.

45 LEÕES

quarta ~ 27/11/2013

Senti tudo de novo. Vontade de ser desejada, tocada. Com muita força. Dessa vez fiquei incomodada com o meu próprio nojo, meu julgamento dessa vontade tão natural. Contive o pedido claro do corpo mas fiquei pensando nisso. Em como a sexualidade da mulher é vista como suja. É ensinada como suja. Quando a sexualidade e o prazer são coisas tão naturais, possibilidades da obra-prima que é o corpo humano. Uma dádiva que carregamos.

Se eu sentisse vontade de comer hambúrguer e fritas, ou toneladas de chocolate para me sentir melhor, encher a cara para esquecer, gritar com pessoas ou ser má com alguém, ninguém me julgaria. Eu não iria me julgar. Mas se tenho vontade de prazer, automaticamente penso em coisas horríveis sobre mim mesma, como se fosse a pior espécie de ser, ou isso me fizesse menos mãe.

Que horrível me dar conta de como eu mesma reverbero tamanha crueldade com o prazer feminino. Mesmo com tantas informações. Mesmo sendo uma mulher feminista. Mesmo sabendo da quantidade de coisas maravilhosas que são liberadas na corrente sanguínea, e que todas elas são exatamente aquilo que meu corpo precisa para sobreviver a tanto estrago diário aqui dentro. Que lindo é carregar em si o poder de se refazer. Nos ensinaram tudo errado. Nos negaram a nossa própria força.

Por sorte hoje era dia da Claudia e gastamos todo o nosso horário falando sobre isso. Sobre essas crenças violentas. Sobre como a sociedade transforma a maternidade em uma gaiola sem chave em que a mulher é julgada o tempo todo, por mais, por menos, por nada. Sempre. E a sexualidade e o prazer ficam de fora. Isso está tão absorvido que nem preciso da opinião alheia, eu mesma me podo, sinto nojo, e acabo comigo com níveis requintados de crueldade. Fiquei pensando em quantas mulheres mais têm vergonha da sua libido, do seu amor-próprio, do seu corpo. Seu gozo. No fundo, a gaiola tem chave e nós mesmas que a escondemos.

46 LEÕES

quinta ~ 28/11/2013

UTI NEWS DO DIA
O João vai precisar de transfusão.

Soube agora. Ele vai começar a fazer um novo procedimento, plasmaferese. E vai precisar de sangue. Perguntei se o meu é suficiente. Dr. Renato riu. Não. Precisa muito mais. Ele me explicou que o procedimento retira o sangue do corpo do João enquanto insere o novo. O dele passa por um processo de limpeza, filtros especiais para tirar toxinas, e aí retorna em um ciclo muito maluco. A máquina já está no corredor da UTI esperando desde cedo. Um negócio enorme, verde, meio futurista. Não temos escolha.

Pedi para os familiares avisarem as pessoas próximas que precisamos de doação. Não consigo fazer tudo. Meu sangue não é suficiente, mas vou doar mesmo assim.

Meu pai me mandou um e-mail sobre pesquisas de células-tronco. Tentei ler na hora do almoço, mas me deu um nó de tantas informações. Perguntei pro Dr. João sobre, mas ele nem se estendeu muito, disse que está tudo em fase muito experimental, que não perderia tempo com isso. Por enquanto são promessas, muitas promessas de milagres que não se concretizam.

Foco na máquina futurista, então. E na próxima subida para o andar. Dessa vez, que seja definitiva.

47 LEÕES

sexta ~ 29/11/2013

Acordei e reconheci uma tranquilidade em mim que vem crescendo embaixo de tudo, de mansinho. Hoje senti ela bem presente. Soa maluquice, mas é uma certa segurança. Não sei em quê. Me sinto fortalecida na ideia de que é isso. Aconteceu. A gratidão por ter o João comigo me faz sentir que existem, sim, mil possibilidades. E a falta de certezas não diminui em nada o fato de elas existirem.

Conversei bastante no telefone com o pai hoje. Sobre tudo. Sobre como estou me sentindo. Sobre os novos planos. E a reforma. Ele me chamou de mulher orquestra. Achei engraçado. Perguntei se não seria mulher maestra. Ele disse que não. *Tu és a orquestra inteira, e a maestra.* Talvez o maior elogio que recebi do meu pai. Mais tarde ele me mandou umas palavras da Lucia, companheira do Nico: *No tengo palabras. Es una mujer admirable. La lucidez que mantiene en medio de este trance es excepcional. Nada más. Un orgullo esa hija. Seguro que va a ser feliz en su vida; porque me parece que la felicidad es eso que ella dice, es esa búsqueda, esa lucha, una construcción consciente de nuestras renuncias, esa fuerza que radica en valorar profundamente lo que tenemos. Y no es fácil en este mundo; no es fácil salvarse como ella lo hace.*

Me senti estranha. Desconectada do olhar dela sobre mim. Como se essa não fosse eu. Li e reli. E tentei me achar nas palavras porque devo estar lá. Porque sei que estou segurando tudo isso bem. Sei que sou uma boa mãe. Eu quero ser, é uma escolha diária, que me exige muito esforço. E talvez tudo isso seja, sim, admirável.

Mais cedo fui fazer minha doação de sangue para o João. Ele vai fazer pela última vez o procedimento, porque parece que vamos ganhar alta logo, e no andar não é permitido algo tão invasivo. O banco de sangue fica em outro prédio do hospital. Tomei um banho antes de ir, vesti uma roupa decente e atravessei o jardim. O dia está lindo hoje. E quente.

Quando cheguei, a sala de espera estava lotada de pessoas. Tinha um casal, três amigas juntas, umas oito pessoas avulsas e um grupo enorme de uns quinze militares. A sala não é tão pequena. Estava cheia. Fui até o balcão passar meus dados e informei que era doação para o João Vicente Patrón Santoro. A moça riu:

— Esse menino é filho da presidenta? Todas as pessoas aqui vieram doar. Há dias que essa sala lota por ele. Não vai ter espaço no banco pra tanto sangue.

Ri também e olhei em volta. Segurei o choro. Não quis dizer que era meu filho. Não sei como tantas pessoas foram para lá, ou o porquê. Mas fiquei pensando nesse poder mobilizador do coletivo. Precisamos de sangue. De repente muitas pessoas estão lá para dar um pouco do seu. Pensei que o João vai carregar agora um pouco de todas aquelas pessoas que estavam ali por escolha. Que vai levar no seu corpo mais que cicatrizes dos tantos procedimentos e violências que sofreu nesse processo, ele vai levar outras vidas também. Muitas. E que tudo, tudo, tem uma parte bonita, às vezes muito *chiquita*, mas com disposição se encontra.

48 LEÕES

sábado ~ 30/11/2013

Ganhamos alta da UTI, pela segunda vez. Arrumei as malas, guardei as fotos, os santos, cristais, velas, os mantras. Estamos esperando um quarto liberar no andar e vamos subir, entre hoje e amanhã.

Estou feliz, mas com muito medo. Menos medo que ontem. Aqui temos cuidados vinte e quatro horas e as paredes são de vidro. Já sabemos que lá é diferente. As crises de abstinência estão bem menores. Essa semana ele começou a fazer fisioterapia. Ele não fala. Nada. Fiquei com esperança de que fosse um pouco por ter que se acostumar depois da retirada do tubo, mas não é. O AVC comprometeu todos os movimentos dele, inclusive para falar. Ele não consegue nem segurar o pescoço, na verdade. Parece um bebê grande, todo mole. Olhando rapidamente vejo muitas sequelas, movimentos involuntários, longas ausências, mas quando encontro os olhos dele sinto que ele está ali, em algum lugar.

A médica continua pessimista. Pedi hoje uma segunda opinião. Fiquei dias para decidir isso. Sentindo um medo enorme. Uma dependência. Bobagens assim, porque no fundo sei que é nosso direito, e nem seria prudente, em um caso tão complexo, confiar tudo no olhar de uma só pessoa. Ainda assim me senti amedrontada, e odeio me sentir assim. Parece que uma outra neurologista vem nos ver na quinta ou na sexta da semana que vem.

Olhei para as malas agora. Com menos confete que na outra vez, mas uma enorme certeza de que agora essa subida é definitiva. Estamos nos despedindo da UTI, pra valer. Nem acredito que vamos embora. As mães me olham de longe orgulhosas, felizes por mim. Todas acreditam.

Espero vocês lá em cima.

Controle de Qualidade
28

49 LEÕES

domingo ~ 01/12/2013

Dessa vez ficamos em um quarto do lado esquerdo do corredor. Desse lado não tem sacadas. Os espaços são menores e as paredes de um verde mais escuro. Não estamos sozinhos, pela primeira vez. Como o João não apresenta mais nenhum sinal de infecção, foi liberado o outro leito, onde está um menino que fez uma cirurgia na perna. Ele já deve ter uns oito anos, não para de jogar videogame, está acompanhado pela avó, com quem é assustadoramente mal-educado.

O João chegou muito agitado com a mudança. Atrapalhado. Iniciou uma crise e fiquei tentando acalmá-lo. Cantava uma música bem baixinho e aninhava ele. O menino do lado continuava com o volume do videogame no máximo e gritava com a vó de tempos em tempos para que ela ficasse quieta. Achei que ia surtar. Uma leve cortina separa nossos espaços. A falta de educação atropela sem dó. Mais tarde, um cheiro de fezes absurdo invadiu o quarto. Ouvi a avó perguntar para o menino se ele tinha feito cocô na fralda mesmo já podendo se levantar para ir ao banheiro. Ele respondeu que estava com preguiça. Abro a janela com força, sem paciência nenhuma. Ela se desculpa pela arte do nenê. Ele não é um nenê mais, minha senhora. Penso. Não falo. Hoje é domingo e a nossa primeira noite no quarto promete. Amanhã vou tentar resolver isso. O João precisa de um pouco de paz pra se recompor. Eu também.

Quando tudo silenciou, fiquei pensando que já faz quase cinquenta dias que estamos aqui. Não consigo pensar em mais nada. No trabalho, na vida lá fora, no meu casamento. Só penso em como abraçar o João inteiro e fazer ele sentir que vai ficar tudo bem. Vou fazer tudo que estiver ao meu alcance. Espero que ele saiba disso. Espero que seja o suficiente.

Lau Patrón
2 de dezembro de 2013

Às vezes é um instante
A tarde faz silêncio
O vento sopra a meu favor
Às vezes eu pressinto e é como uma saudade
De um tempo que ainda não passou
Me traz o seu sossego
Atrasa o meu relógio
Acalma a minha pressa
Me dá sua palavra
Sussurra em meu ouvido
Só o que me interessa

A lógica do vento
O caos do pensamento
A paz na solidão
A órbita do tempo
A pausa do retrato
A voz da intuição
A curva do universo
A fórmula do acaso
O alcance da promessa
O salto do desejo
O agora e o infinito

Só tu me interessa. 49 leões.

50 LEÕES

segunda ~ 02/12/2013

Quase pirei na noite passada. O João pegou no sono às nove. Às dez acordei com ele chorando, gelado de frio do ar-condicionado, que estava no máximo. Pedi para os vizinhos diminuírem. Para completar, o controle fica na parede, ao lado deles. Baixaram. Mas o João não dormiu mais. Dava pequenos cochilos e acordava de novo, a noite toda. E o menino do lado ficava aumentando o ar, de meia em meia hora. De meia em meia hora eu pedia pra diminuir, e ele esperava um pouco, ia lá e aumentava de novo.

Por sorte hoje é segunda. Estou esperando o médico que vier para conversar. O João está muito perturbado ainda, o cérebro confuso. Tudo atrapalha ele. Luz, som, conversas, temperatura. Ele está frágil. Sem condições de dividir um espaço com outra família, ainda mais assim, sem limites e respeito. Veremos o que consigo.

Se o menino fizer cocô de novo na cama porque está com preguiça, eu atravesso essa cortina e grito com ele. Tiro o videogame. Atiro pela janela. Arranco os fios do ar-condicionado da parede com os dentes. Tranco ele no banheiro. Engulo a chave. Ou coisa pior. Juro. Não se mexe com uma mãe recém-saída da UTI, também.

51 LEÕES
terça ~ 03/12/2013

Ele sorriu. Depois de tanto tempo, e pela primeira vez aqui dentro, ele sorriu. E parece que um sol definitivo se abriu. Parece que um ciclo terminou. Parece chá quente em manhã de inverno, que a gente assopra e sente o cheirinho que diz que tudo vai ficar bem, logo, logo. Ele sorriu e parece que os planetas entraram em um eixo equilibrado de novo, e que tudo pulsa no seu ritmo. Parece que a borboleta vai voar pela primeira vez e ela é azul, e tenho certeza de que unicórnios, afinal, existem.

Nem foi pra mim. Estava no telefone, resolvendo uma questão da medicação, minha mãe começou a fingir que ia fazer cócegas e, de repente, com muito esforço, aconteceu. Ela continuou, ele devolveu. Eu fiz uma cara de assustada e ele caiu na gargalhada. Nem toda a dificuldade motora do corpo foi capaz de deter o impulso mais natural do João. Ele sorriu, inchado, com sonda, grogue de tanto remédio. Ele sorriu de olhos fechados, cansado, com cada pedacinho do corpo doendo. Ele sorriu depois de cinquenta dias aqui. E nada, absolutamente nada que não seja isso, vai ser relevante hoje.

Que dia para se comemorar. A volta do batata sorriso.

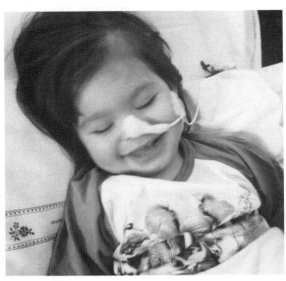

Curtido por **nattalbuquerque, vaz_fred** e **outras 19 pessoas**

laucpatron And I thank you for choosing me to come through unto life to be a beautiful reflection of his grace. See I know that a gift so great is only one God could create and I'm reminded everytime I see your face. The joy of my world.

Ver todos os 7 comentários

52 LEÕES

quarta ~ 04/12/2013

Filho,

Hoje senti coisas tão grandes. Sentir coisas grandes é coisa de gente pequena como tu, depois crescemos e diminuímos tudo o que sentimos, não sei por quê. Não sei quem inventou isso, mas certamente alguém que não conheceu teus olhos puxados. Sentir grande depois de tanto tempo é como tirar toda a roupa quentinha e se atirar em água recém-descongelada. Algo como um choque. Algo como deixar-se tocar. Muito forte. Como assistir teus sorrisos de novo depois de cinquenta dias. Eu estou feliz. Foi isso que entendi hoje em meio a um espanto. Em meio ao caos, estou feliz. Depois de tantas perdas e mesmo com dor, ainda assim, me sinto respirando melhor que nunca. As pessoas separam o sofrimento da felicidade, impossíveis de se tocar. Ou tens um, ou o outro. Na nossa história eles têm um relacionamento sério, conversam e dançam o tempo todo. Às vezes brigam, mas nada que não se resolva no dia seguinte. Tudo parece tão perto às vezes, e tão longe. Voo alto para nos enxergar lá adiante, e não vejo muito, mas sinto: somos nós, seguindo avante, não importa como. Sonho com o dia em que vamos nos deitar na grama e vou poder te contar sobre essa nossa aventura. Sobre esses dias de mergulho. Sobre o teu brilho no meio de tudo. O dia em que tu vais entender que eu não trocaria a nossa história por nenhuma outra e o quanto me orgulho de ti. Não do teu sofrimento, mas dessa tua alegria que volta pra mim, tão viva. E reflete um mundo possível de acreditar. São muitas perguntas ainda, filho. Muitas perguntas sem respostas. Abraço este caminho que é meu, tão meu. Comemoro a tua vida hoje, como da primeira vez que te descobri parte da minha. Hoje durmo com as dúvidas, mas amanhã acordo com o teu sorriso, então está tudo bem.

Tu amor cambió mi vida como un rayo
Para siempre, para lo que fue y será.

Contigo, sempre.

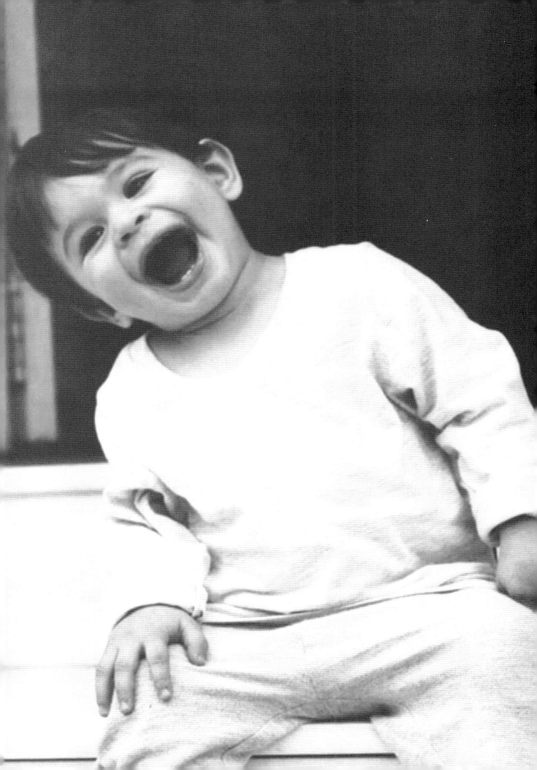

53 LEÕES

quinta ~ 05/12/2013

Que loucura. Um responsável pelo banco de sangue do hospital veio nos agradecer. A corrente de doadores de sangue que se mobilizou pelo João lotou o banco e ajudou muitas outras pessoas. Ele usou menos da metade do que foi doado, e essas doações salvaram outras vidas, outros nomes, outras famílias que estão aqui dentro.

Me emocionei muito. Foi muito forte a forma como tudo aconteceu, um boca em boca inesperado, e quando fui me orientar, vários programas de rádio tinham falado sobre, empresas se organizaram para vir em peso, amigos, família, vizinhos, desconhecidos completos. Muitos. Quase cem em uma semana.

Saí do quarto e me sentei sozinha em um cantinho do corredor. Tenho muito pra aprender com tudo que tem acontecido. Sempre me senti muito sozinha, eu por mim e só, e de repente devo a minha vida inteira para noventa e sete pessoas, que mal conheço. Devo para médicos, enfermeiras, técnicas. À moça que doou seu remédio sem garantia nenhuma de retorno quando o João mais precisava. Às outras mães na UTI que me ensinaram tanto. À minha, por tudo.

Senta, respira e aprende, Laura. Pouca pressa e muita atenção. Esse sentimento brutal de gratidão que tomou conta de mim tem uma energia que não conhecia ainda. Chorei muito, mas um choro de compreensão, arrebatadora e alegre. Não somos mais os mesmos e isso, agora, não parece tão ruim.

O INVISÍVEL GUARDADO

É difícil conhecer um filho que não fala e não se mexe. É difícil se comunicar e entender quem ele é – ler a sua essência, alterada por uma condição externa. As dificuldades desenham as respostas do João a tudo. Conhecê-lo um pouco, antes do AVC, me deu ferramentas para entender melhor o que sente, o que quer. Penso nas mães que jamais tiveram essa chance. Mães que deram à luz crianças já com doenças de base ou paralisia cerebral. Que não tiveram tempo para ver seus filhos sendo, sem barreiras. E que, ainda assim, amam, compreendem, afagam, se orgulham e batalham por eles, com um amor desmedido. Essa conexão genuína é uma coisa muito poderosa. A gente aprende a ver o invisível.

Em parte, temos uma experiência única. As formas mais simples de comunicação nos permitem um certo lugar cômodo. Ainda assim sinto falta das palavras. Por muito tempo, quando alguém me perguntava o que mais sentia falta na vida com o João, na hora pensava em nós dois caminhando de mãos dadas, lado a lado. Já faz muito tempo desde a última vez que meus pés coreografaram com os do João por alguma rua ou praça, sem destino ou com hora marcada. Já faz tempo. Mas aí, encontrei uma forma: quando a minha mãe está com a gente, aproveito. Peço pra ela que leve a cadeira e vou bem do lado dele, de mãos dadas, e encaixo meu ritmo com as rodas da cadeira, sem problemas. Acho que por isso essa falta não chega a virar dor, porque a gente faz ela se virar, de outro jeito.

Mas as palavras não. Elas são a verdadeira falta que não cessa, só se aprende a viver sem. E eu que sempre vivi no mundo delas, lendo e escrevendo, me sinto em um barco sem leme. Nesse desafio intenso, aprendi a observar o João. A ler seus diferentes olhares, e pequenas mudanças na expressão, pressentir suas emoções e adivinhar seus pensamentos. Esse nível de elo me possibilitou criar diálogos com ele, e dele com o mundo, virando sua porta-voz e compreendendo cada suspiro. Sou grata por isso. Por ter aguçado todos os meus sentidos, por amor.

Mas naquele tempo, antes das palavras faltarem, quando tudo era tão abundante, talvez eu não entendesse com clareza o valor da nossa troca. De cada momento juntos. Vivemos a rotina da correria, em uma sociedade calculada em objetivos alcançados ou não, em que sucesso se baseia em números. Isso nos desconecta da simplicidade daquilo que importa. Da simplicidade em que se disfarçam as coisas que são grandes.

Uma semana antes de tudo acontecer, quando o João tinha um ano e oito meses, meu pai veio do Rio de Janeiro para nos visitar. Ele e a Tana ficaram o final de semana lá em casa. Passeamos muito. No domingo fomos assistir ao show do Fernando Cabrera, no Santander Cultural. Chegamos um pouco antes e ficamos brincando na Praça da Alfândega. O João corria por todos os lados. Adentrava matagais (onde deveria haver canteiros de uma cidade bem-cuidada), me obrigando a ultrapassar cercas e adentrar também. Corria livre rindo de tudo. Rindo de mim, que tentava uma distração menos espaçosa, sem sucesso.

Durante o show ele não se contentou com a cadeira. Queria explorar, e isso significava, principalmente, conhecer pessoas. E lá ia ele, caminhando por entre cadeiras, cumprimentando todos. Abraçando. Mandando beijos. Para na sequência começar a subir no palco. Ele subia, pulava, fingia estar tocando, um show à parte. Todos sorriam pra ele. João sempre teve uma espécie de ímã em que as pessoas grudam com muita facilidade. Foram dias bons, mas naquela madrugada ele ficou febril. E esse foi o primeiro dos vários sinais que mudariam a nossa vida.

A febre não cessou durante toda a semana, e na terça ele iniciou a diarreia. Alterei toda a alimentação, mantive ele em casa, cuidamos de tudo.

Na sexta achei que estava evoluindo, animado, brincalhão, mas a diarreia não dava nenhum sinal de melhora. Domingo João acordou mais disposto e passamos o dia todo na rua. Corria por tudo, no nosso último pôr do sol em muito tempo, com a vida pulsando por cada pedacinho de pele, ainda de bebê, mas já com tamanho de um pequeno mocinho. Um presente pra guardar esperança na caixinha-coração. Foi a última vez que vi meu filho correr.

54 LEÕES

sexta ~ 06/12/2013

Ela entrou no quarto e eu pensei: essa guria é a superneurologista? Ela tem uma cara de menina. Uma cara doce demais pra esse lugar. Gostei na hora. A Dra. Alessandra se aproximou devagarinho do João para um oi atento e depois se virou pra mim para conversarmos.

Contei da nossa vida até ali. Do desenvolvimento normal de tudo. De um mocinho com a saúde forte, interrompida pela crise inesperada. Contei meu filme de ficção científica, do AVC, e o prognóstico da neurologista anterior.

Ela pediu um tempo para analisar os exames. Saiu do quarto e demorou uns quarenta minutos ou um pouco mais, até abrir a porta novamente. Pareceram horas. E aí ela me perguntou: *Tu acha que ele te reconhece?* Respondi que sim, duvidando racionalmente da minha própria resposta.

Ela me olhava bem no fundo dos olhos enquanto explicava que não, não achava que o AVC tinha comprometido tudo. Que sim, ele tinha sido violento, em uma área central complicada, e em pequenos pontos espalhados. Mas que clinicamente parecia melhor que no exame. Me explicou uma porção de coisas com uma calma que ninguém tinha feito ainda. Disse que não gostava das medicações que estavam sendo usadas e que acreditava que ele ainda estava sedado demais para sabermos a real condição. Me propôs um plano novo, com medicações mais modernas e uma redução no número de remédios diferentes, que a essa altura eram muitos.

Entreguei toda a minha confiança sem pensar duas vezes, porque ela acredita no João, e agora sim, me sinto acompanhada. Acolhida por alguém disposto a tentar.

Antes de ir embora ela se virou e perguntou:

– E tu, como tu estás?

– Nada na minha vida até aqui me preparou pra viver isso.

Ela sorriu. Se despediu dizendo que temos muito o que fazer por ele.

55 LEÕES

sábado ~ 07/12/2013

A boa notícia é: os vizinhos do leito ao lado ganharam alta.

Foi tão rápido que quando vi já estávamos só nós. Abrimos a cortina, o pessoal que trabalha com a limpeza veio, deixou tudo novinho. Encostamos as duas poltronas de visita e virou quase um sofá. No leito não usado organizamos alguns brinquedos do João que não couberam no armário. Botamos uma mesinha mais ao centro e, nela, o nosso som portátil. E pela primeira vez fomos só nós três, eu, o João e minha mãe, sem máquinas gigantes, sem apitos constantes, sem paredes de vidro, sem vizinhos, sem barulhos indesejados. Nós, a nossa música, nossa temperatura, nosso espaço. O que precisávamos, enfim.

Quando o João cochilou à tarde, ficamos as duas em silêncio, ouvindo uma música suave ao fundo, sentadas nas poltronas gêmeas, sentindo a paz possível depois de tanto ruído.

À tarde veio uma fisioterapeuta especializada avaliar o João. Tem fisioterapeutas no hospital, duas sessões por dia, misturando um trabalho respiratório e motor básico. Para mexer e alongar o corpo de quem está acamado há muito tempo. As gurias são maravilhosas. Engraçadas. Amorosas. Sempre de bom humor. Competentes. Sou muito fã. Mas não é o trabalho de que ele realmente precisa, pensando na volta pra casa.

Batalhei uma autorização para que a profissional pudesse entrar no hospital, avaliar o João e pensar em um plano. Já que vamos fazer isso, não quero perder tempo. Diz que o cérebro tem disso. Quanto antes começarmos um processo de recuperação, melhor.

Falamos um pouco. Ele interagiu bastante com o João. Trouxe uns tatames e uma cadeira especial de chão pra ele. Brincaram um pouco. Ele ficou bem na cadeirinha.

A fisioterapeuta disse que o João precisa de sessões todos os dias e que podemos começar assim que ele ganhar alta. No começo em casa e, depois, com mais condições, passa para a clínica. Perguntaram se eu queria ficar com os tatames e a cadeira, que não tinha problema. Aceitei.

Estou me sentindo muito melhor com as coisas ficando mais claras. Tinha uma angústia em mim que não passava, pensando em como seria fora do hospital. Mas aos poucos, passo a passo, me sinto conectando com o futuro do João, estruturando, entendendo. Fiquei feliz me sentindo um pouco mais segura que ontem. Me deu até saudade de casa.

56 LEÕES

domingo ~ 08/12/2013

Que dia lindo. O João estava alerta, ativo, disposto. Arriscava levantar um pouquinho o pescoço. Tentava, pelo menos. Sorria com as brincadeiras, ouvia minhas histórias.

Minha mãe pegou ele e deitou no tatame. Ficou mostrando brinquedos e fazendo coisas engraçadas. Me deitei do lado. Rimos juntos, deitados de ombro com ombro, enquanto ela continuava sentada, fazendo palhaçadas. Que saudade que eu estava. Viajei pra longe por uns segundos olhando pra ele. Sentindo a sua presença. Como se caísse a ficha de que é real, ele sobreviveu, vai pra casa. Quando encontrei os olhos da minha mãe de novo, ela me olhava emocionada. Não falamos nada. Estava tudo dito.

Mais tarde o Diogo chegou e quis deitar junto. Fizemos aquela bagunça, todos ali. Uma energia boa enorme pulsando. E por alguns minutos acreditei em milagres. Mesmo em um domingo.

57 LEÕES
segunda ~ 09/12/2013

O João arrancou pela vigésima vez a sonda do nariz. Ele usa a sonda desde que teve a convulsão, nos primeiros dias de hospital. Nunca mais se alimentou pela boca. Recebe uma dieta líquida, que passa pelo nariz até o estômago. Mas de uns dias pra cá, é bobear um pouco e ele arranca. E se machuca. É horrível.

Dr. João veio conversar. Disse que por autorização da Pati, a fonoaudióloga que tem visto o João aqui, a nutricionista vai começar um processo de liberar comidinhas pastosas, mas que, mesmo que dê tudo certo, ainda vai ser em quantidade insuficiente para o que ele precisa. Disse que vamos precisar da dieta líquida por mais tempo e não dá pra continuar com essa sonda que ele arranca quando quer. Sentei na hora. Senti que vinha uma bomba.

Ele quer fazer uma gastrostomia. Um procedimento cirúrgico que coloca uma sonda na barriguinha dele, conectada diretamente com o estômago. Uma solução mais definitiva e possível de levar pra casa. Tentei argumentar, dizer que nem tentamos fazer o João comer direito ainda, mas ele foi claro: o processo é lento e por pelo menos um ano ainda vamos precisar da dieta. Cedi, arrasada. Como pode uma criança pequena assim sofrer tanto? Passar por tantos desafios. Tanta dor. Me senti inútil, sem poder protegê-lo. Sem poder explicar para o João o que está acontecendo. O porquê de tudo isso.

Vamos dormir os três de novo aqui. Minha mãe tem sido a única companhia que quero. Está virando um ritual, essas noites. O banho do João, as contações de histórias, a massagem nas perninhas e nos braços. O CD de versões instrumentais do Steve Wonder, o meu cafuné nele. Na quarta ou quinta música, sempre na mesma, ele dorme. Desligamos a luz baixinha e deitamos, cada uma em uma poltrona, viradas de lado uma pra outra. Conversamos um pouco, sobre o que achamos do dia, sobre algo legal que ele fez, alguma preocupação pendente. Sorrimos sempre imaginando a volta pra casa. E lá pela oitava ou nona música, adormecemos também. Juntas.

Essa noite estou nervosa. Essa cirurgia não estava nos planos. Me revolta sentir tudo assim, como se não houvesse decisão. Está decidido e não é por mim. Amanhã vem o cirurgião nos ver e combinar como e quando vai ser. Dr. João não quer que a gente saia sem isso. Minha cabeça fica martelando todos os riscos de uma anestesia geral, ir para uma sala cirúrgica, mais um corte, mais uma cicatriz.

Ainda bem que a minha mãe está aqui. Vou pegar meu edredom e me aninhar pertinho dela. Vou virar de lado e olhar aquele sorriso enorme bem de perto. Vou me sentir pequena, mas não sozinha.

58 LEÕES

terça ~ 10/12/2013

Dr. Edgar, o cirurgião, veio conversar. Explicou melhor o procedimento. Que é supertranquilo. Que não tem erro. Que vai dar tudo certo. Assinei um papel atestando ciência de todos os riscos, que nem quis ler. Já li muitas vezes pra saber o nó que dá na boca do estômago.

A Clá passou para tomarmos um café. Foi tão bom conversar com ela. As amizades de muito tempo têm uma profundidade difícil de explicar. Ela me conhece muito bem. Quando falo e quando calo. Ela é o mar, e eu sou a rocha. Nos complementamos em momentos importantes da vida, uma da outra. A fluidez dela acalmou a minha agitação que não passava desde ontem. Tentando lidar com a angústia de outra forma agora.

Não consigo dormir, por isso vim aqui para a capela. Estava me revirando na poltrona e tive medo de acordar o João e a minha mãe. São quatro da manhã. Duvido que alguém tenha a mesma ideia que eu.

Acendi as três velas, como faço toda vez que venho aqui, sei lá por quê. Me ajuda a concentrar. A tentar achar a energia certa. A serenidade certa.

No processo com o João me vejo muito sozinha. Tem muitas pessoas ao meu redor, mas ninguém pode dar conta do que sinto. A impotência absurda de assistir a dor, a violência, um filho tão perto da morte, é cruel. A fé em qualquer coisa que seja tem sido, sim, uma companheira. Um elemento novo na minha vida que foi sempre tão matemática. Eu sou das coisas concretas, das listas, da agenda, do cálculo. Acredito no que toco. Mas aqui, acreditar no racional seria aceitar a morte do João. Seria desacreditar das possibilidades dele daqui pra frente, e isso não posso fazer. Não quero.

Nunca tive espaço para sonhar, por algum motivo que ainda não decifrei. Nunca acreditei em mágicas ou que algo podia cair do céu, de bom pra mim. Que algo incrível pudesse acontecer do nada. Sem merecimento, sem esforço, por pura obra do destino. E agora ele me deu esse momento tão delicado, e tento achar uma forma de compreender isso sem mágoa, e sim com gratidão.

Então me agarro nessa fé entre os dedos da mão. Deixo ela invadir e tento criar sonhos, desejos, crenças. Tento desenhar uma história pra nós e peço muito pra que ela seja possível. Peço para estar errada. Para sempre ter sido. Falo com deus, desajeitada. E nem meu pai, descrente de quase tudo, tem me recriminado. Acho que até ele deve estar tentando papear com alguma coisa no céu, nos últimos dias.

universo,
pai e mãe,
seja qual for o nome ou a cor
que atendes
venho mais uma vez pedir um milagre,
e eu nem sei o que isso significa
e nem peço por mim
que toda errada
nem teria coragem
peço pelo ser que brotou e cresceu aqui dentro
e tem pés para o futuro
que ele possa fazer graça onde dói
que ele possa testar a matemática milimétrica
da felicidade
me dá um milagre por ele
me guia pra esse lugar de esperança
nem precisa ser branco

que seja colorido e poderoso
coloca tuas mãos
na cabeça do meu filho
fecha essa ferida
faz cicatriz
encontra novos caminhos
feitos de teimosia
eu suplico quando nem sei suplicar
mas aceito aprender por ele
que as sequelas se desfaçam
no toque de algo feito de luz
que o sol seja mais forte do que
a contração do medo
que o tempo seja cura
e que ela não venha de passagem
que eu possa vê-lo correr
de encontro às ondas
com as pernas ou com as asas
que eu não duvide nem por um segundo
e se duvidar
que tu me perdoes
eu sou fraca demais
idiota demais
para compreender
mas olha pra ele
porque ele sim compreende
ele vem do planeta das borboletas azuis
e merece muito mais do que eu

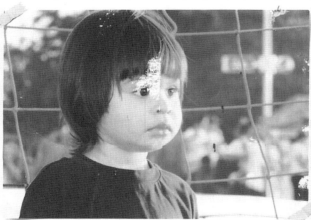

59 LEÕES

quarta ~ 11/12/2013

O baixinho vai ficar bonitão. O Alexandre vem. Ele topou cortar o cabelo do João, aqui, no hospital. São quase dois meses de poucos cuidados. Está comprido e feio. Cortar faz parte do processo de volta, eu acho. Para todos nós.

Amanhã vai ser a cirurgia e continuo nervosa. É como retroceder, para mim. Está ficando tudo bem, e de repente, uma sala de cirurgia. Tenho medo. Medo de algo sair do controle como tudo o que aconteceu até aqui. De perder os sorrisos que acabaram de chegar. Dar passos para trás. Desfazer conquistas de cinquenta dias em cinquenta minutos. Medo de ele fechar os olhos e ficar intermináveis dias sem olhar pra mim. De novo.

Acho que vou ter medo disso para sempre. Estou engasgada hoje.

Me lembrei de uma história de quando eu era bem pequena. Devia ter cinco ou seis anos, andava na creche. Tinha um menino. O Vinicius. Fantasiava que ele era meu príncipe encantado. E ele também fantasiava. Falávamos disso. Só que ele era muito legal comigo quando estava sozinho. Quando os outros meninos estavam junto, ficava me jogando pedras, folhas e qualquer coisa que fosse possível. Eu ficava triste. Não entendi a contradição ou por que ele precisava esconder dos amigos que era o meu príncipe encantado. Corta a cena. Fui ficando rebelde. Comecei a me defender quando me jogava as coisas, e parei de querer brincar com ele. Ficou muito magoado, e um dia fechou meu dedo em uma porta da casinha de madeira que ficava no pátio da escola, por gosto. Cinco anos. Claro que ele não tinha noção do estrago que podia fazer. Mas fez.

Não lembro de quase nada. Minha mãe disse que quando acordei achava que estava na escola ainda, mas já tinha sido levada às pressas para o pronto-socorro por uma ambulância e passado por uma cirurgia de reconstrução do dedinho que eu tinha perdido. Perdido. Bom, eu tenho os dois dedinhos, plenamente funcionais, e ambos são tortos, então nunca sei dizer qual foi o acidentado. Não me lembro de sentir dor – e devo ter sentido. Nunca me incomodou a cicatriz quando ela ainda existia. Depois ela sumiu, e deu. Pronto.

Tudo passa. A mente não grava as dores passadas com tanta força, nem o corpo. Eles absorvem e seguem. Pensar nisso me aliviou um pouco a tensão do procedimento amanhã. Que ele não grave nada.

60 LEÕES

quinta ~ 12/12/2013

Sonhei que estava em uma floresta caminhando tranquila, procurando por uma flor específica. De repente a floresta se transformava em um labirinto feito de paredões gigantescos de plantas. Dava para sair. Desistir. Tinha um caminho de volta. Mas eu não queria. Precisava achar a flor. Eu corria sem parar, mas parecia que tinha um tempo, que a qualquer momento algo ia explodir e não conseguiria chegar onde precisava. Acordei confusa na poltrona ao lado do João e me aproximei do leito para ver se ele ainda dormia. Ajeitei a sonda no narizinho dele, pois ela tinha saído um pouco do lugar, e de repente vi pingos grandes de sangue no lençol. Destapei o João para olhar seu corpo, mas não tinha nada. Foi aí que senti. Levei a mão ao meu próprio rosto e meus dedos voltaram vermelhos. Meu nariz estava sangrando muito.

Eu somatizo tudo. Levo as emoções pro corpo como a coisa mais óbvia a se fazer. Queria saber ficar calma. Queria saber desconectar como boa parte dos homens sabe fazer tão bem. Não me sentir tão dentro de tudo, tanto que parece que vou explodir. Todos os dias, em algum momento, parece que eu vou explodir. Hoje foi o dia todo.

O João ficou lindo com o corte de cabelo novo. Lindo. O cabeleireiro veio de tarde, com uma paciência louca, cheio de jeito e tato. Botamos ele na cadeirinha do carro, em cima de uma poltrona. O João nem acordou, estava bastante medicado. O Alexandre foi pegando mecha por mecha, ajeitou a franja, fez um corte mais rockzinho. Ficou lindo para a cirurgia. Sinto como se fosse uma despedida. O medo me come violentamente e eu tenho a impressão de vomitar pra dentro. Sei que é um procedimento simples. Já repetiram muitas vezes. Mas ninguém me engana mais. Nada é simples nesse lugar. Nenhum corte é pequeno demais que não possam errar. Nenhum remédio é inofensivo. A vida é um fio e agora eu sei bem e tenho um temor enorme que se arrebente.

Não aguento mais tantos momentos de espera.

61 LEÕES
sexta ~ 13/12/2013

Meus medos foram uma intuição ou a energia que atraiu o desfecho errado?

Ou nada disso. A cirurgia foi horrível. Não foi o que disseram. Ele voltou como se tivesse dado tudo certo com a gastrostomia. O médico disse que já poderíamos usá-la, enquanto isso manteve a dieta via sonda no nariz. Minutos depois percebi que tinham colocado uma sonda de adulto no João. Uma sonda três vezes mais grossa, narina adentro, até o estômago de uma criança com nem dois anos. Surtei. Fiz um escândalo. A enfermeira veio tirar e recolocar a certa, um sofrimento sem fim pra ele, que chorava desesperado por ser tão mexido, por sentir tanta dor. Ele me olhava pedindo socorro, e eu só podia reclamar mais alto. Mas não podia salvá-lo daquilo.

Mais tarde, começaram a estourar problemas muito piores. E vários. Ele ficou com febre. Uma febre alta e resistente. Exames pra saber se havia algum foco infeccioso. Sim. Inicia medicação. A essa altura de uma internação eles já dão logo um antibiótico porreta, porque não podem arriscar. A gastrostomia começou a vazar. Líquido do estômago vazando. É ácido e queimou a pele dele na barriga. Gritos de dor o dia inteiro. Urros, quando tinha que limpar. Dr. Edgar veio. O furo foi feito meio torto e por isso está vazando, deve se ajeitar nos próximos dias.

O furo

que ele fez

na barriga

do meu filho

           perfurando pele
       músculo
       órgão
  foi feito
  meio torto.
           Meio errado.
Deve se ajeitar.
Nos próximos dias.
               Deve.
Eu quero
matar ele.
      Quero fazer um furo
        naquela barriga
        meio torto
        por gosto
       e ver como ele se sente
                   acordado
       com a pele sendo
       queimada
       por suco gástrico
       a cada
        micromovimento.

Coitado do João. Meu deus. Dói tanto que dói tudo.

62 LEÕES

sábado ~ 14/12/2013

A região onde foi feito o procedimento realmente infeccionou. Estão dando dois antibióticos pra ele, ao mesmo tempo. Nossa alta, que era pra ser segunda, foi adiada por tempo indeterminado. Ele não sai daqui assim.

Fico pensando nas pessoas que têm coragem de se expor a tanto risco por questões estéticas. Nunca tinha parado pra pensar nisso. Não sou a favor nem contra nada. Mas me assusta perceber as tantas possibilidades de algo dar errado, e ninguém fala disso. Uma medicação que não bata bem, um furo torto, um produto errado, um corte malcalculado, uma infecção indesejada. As pessoas se submetem a estar nas mãos e sob a responsabilidade de outra pessoa, que por mais competente que seja, é só uma pessoa. E erra. É assustador.

Fico pensando que existe, sim, a intuição das mães. E não é mágica. É conexão. Estar realmente, profundamente conectada com alguém. Tanto que a mente trabalha em outro nível de sentir. Capta mais energia e informação. Processa com atenção plena. E aí sabe de algumas coisas. Desconfia com clareza.

A Renata entrou aqui de tarde e fez o João sorrir depois de algumas horas muito chateado. Depois que voltamos para o andar, a Renata pediu para a superior dela para ser colocada na escala do João. Ela pediu pra voltar pro desafio. Pra encarar o medo de estar com ele. E desde então, todas as tardes, vivemos com ela. Doce e atenciosa. Engraçada. Vejo ela ganhar confiança a cada vez que entra aqui.

Tem conexões difíceis de explicar, que acontecem e deu. Tem outras que são batalhadas. Que são escolhidas. E a Renata escolheu o João. E batalhou por essa conexão. Ele responde à dedicação dela. Melhora a cada dia, se esforça para viver. Sorri pra ela com uma doçura enorme, como se soubesse abraçar com o sorriso. Acho que abraça. Como ela nos abraça com a alegria que invade o quarto todos os dias, a valentia que ela carrega e divide, o zelo com o nosso Leãozinho. Ela não é mais uma menina atrapalhada com medo da própria escolha. Ela é forte. Uma técnica de enfermagem completa. E foi muito lindo ver isso acontecer.

63 LEÕES

domingo ~ 15/12/2013

Acho que vamos passar o Natal no hospital, faltam dez dias e ainda não temos sinais de alta. O João está com muita febre. Um pouco mais espaçada, mas ainda forte.

Nunca parei para pensar que as pessoas passam natais no hospital, de verdade. Dias de aniversário. Viradas de ano. Datas comemorativas. Isso aqui não tem brecha, piedade, folga. É um outro mundo. Paralelo. Em suspenso. Que mantém a rotina própria, não importa o que aconteça lá fora. Sinto que deixamos de existir um pouco, esquecidos nessa outra dimensão.

Continuo me perguntando quem é o João que vai voltar para casa. Aos poucos chegam reflexos de uma clareza da qual preciso, mas não sei se dou conta agora. Na verdade, não importa. É medo misturado com realidade misturado com esperança. É o que ficou dos últimos sessenta dias em mim. Ninguém sabe ao certo o que o tempo vai nos trazer. Vamos descobrir no caminho formas de adaptar a nossa casa, nossos planos e sonhos. O futuro. O meu amor.

Decidi. Vou sair do hospital hoje à tarde. Comprar um pinheiro, bolinhas coloridas e pisca-pisca. Talvez um Papai Noel. Gorros. Um CD brega natalino. Se vamos passar o segundo Natal da vida do João dentro do hospital, que seja colorido. Doce. Que ele possa sonhar com estrelinhas, artificiais mas brilhantes.

So this is Christmas, I hope you have fun. Pelo menos.

64 LEÕES

segunda ~ 16/12/2013

Acordamos sem febre alta, depois de muitos dias. Deve ser um bom sinal. Vou acreditar que sim. O João faz um exame hoje. Um eletroencefalograma para ver como está a atividade cerebral. Foi isso que a Dra. Ale me explicou. Ele precisa dormir e por isso vão dar um remédio bem forte para pegar no sono logo mais. Capota-leão.

Com essa ausência da febre, voltei a pensar em coisas práticas. Observei a técnica fazendo as coisas para o João de manhã. Remédios, curativos, dieta, trato, aspiração. Precisamos de uma enfermeira em casa? Não quero levar o hospital comigo. Esse sempre foi um medo. Que essa rotina não acabe, que sempre tenha um puxadinho de hospital na nossa vida. Perguntei para o Dr. João. Ele acha que posso tentar aprender tudo com as técnicas. Acha que podemos dar conta sem uma profissional.

Ele autorizou, a enfermeira autorizou, e agora as gurias vão me ensinar, aos poucos, coisas básicas de que o João precisa. Eu mesma quero cuidar do meu filho. Quero ser capaz de estar sozinha com ele. Preciso encontrar esse espaço de novo. Precisamos um do outro.

Fiz uma lista de coisas para comprar: luvas, álcool gel, sondas de aspiração, máscara, seringas, ingredientes da dieta, medicação, sondas. Enorme. Mas me senti bem. Como se pegando as rédeas da minha vida depois de tanto tempo. Me senti forte e corajosa. Pronta pra sair daqui.

65 LEÕES

terça ~ 17/12/2013

Dra. Alessandra veio conversar. Ela pegou um papel e uma caneta, e desenhou com uma calma que me fez agradecer. Foi explicando que a lesão foi em uma área central onde acontece a interação entre os dois lados do cérebro. Por isso ela acredita que não tenha nenhuma perda especificamente cognitiva ou motora. Ela acredita que a perda pode aparecer em uma dificuldade de planejamento das ações. Todas elas.

Também disse que a lesão nessa área pode causar movimentos involuntários bem malucos. Me mostrou com o próprio corpo tipos de movimentos piramidais, extrapiramidais, ultrapiramidais, não sei. Não consigo absorver tudo o que ela diz. Entendo da forma mais básica, o essencial para seguir. Talvez o João faça essas coisas estranhas. Talvez ele faça para sempre coisas estranhas. Talvez ele não dê conta de fazer coisas que parecem muito simples. E que já vi ele fazendo. Isso dói.

Ele pode ficar com o humor mais instável e predisposto de alguma forma a alterações como a bipolaridade. Eu ri. Ri mesmo, e sei que é ridículo. Mas eu faço essas coisas de rir quando estou desesperada, ou muito triste, ou quando caio de uma escada enorme de vestido longo de seda bordado com pedras, o que já aconteceu. Tenho essa mania horrível de rir quando alguma coisa me fere.

Contei para ela que o Diogo é bipolar diagnosticado, que estava sendo tratado havia poucos meses, que era muito difícil conviver com alguém assim. Ela sorriu e disse que entendia. Que tem pessoas próximas com a mesma questão. Disse que o João já tinha uma possibilidade genética de herdar isso, mas agora ele tem uma predisposição orgânica, causada por esse AVC. Precisamos cuidar muito com o ambiente. Pensei: *como?*

A Claudia veio e conversamos sobre. Fiquei devaneando nessa coisa do João poder desenvolver a bipolaridade, assim como o pai. Pirei nisso. Ela me trouxe para o chão, de novo. *O que estamos discutindo? Possibilidades distantes, probabilidades, não é a hora. A hora é de focar na volta para casa. Não foge disso. Nada além do presente.*

É uma mistura de sentimentos que nunca clareia. Me sinto cada vez mais segura e cada vez com mais medo. Senti vontade de que qualquer coisa acontecesse para nos deixar mais tempo aqui. Ela me perguntou por quê.

Não sei mais quem eu sou. Não sei quem é a Laura que vai atravessar essas portas e voltar pra casa. Não sei o que é casa. Ou o que sobrou do meu casamento. O que eu vou fazer amanhã quando a vida não for mais presa nessas quatro paredes. Me sinto profundamente desconectada. Não reconheço meu nome, nem a minha voz. Encontro a mãe do João, mas a Laura, não acho em lugar nenhum. Ficou presa em algum ponto desse labirinto. Ou desistiu envergonhada. Acovardada de si.

Ela me ouviu em silêncio. Se levantou, colocou a bolsa no ombro e disse: *Tens um tema para amanhã. Quero que tu te apresentes pra mim, por escrito. Como se eu não te conhecesse. Tudo que preciso saber é quem tu és. O que gostas, quais teus sonhos. Sem corrigir, só escreve. E não pode falar da doença do João.*

66 LEÕES

quarta ~ 18/12/2013

Meu nome é Laura.

Tenho 25 anos e moro em Porto Alegre/RS. Sou casada há três anos. União estável. Ou ins, não sei. Tenho um filho chamado João Vicente, de um ano e dez meses. Dois cachorros, o Hashi e a Tekila – sim, de Tequila mesmo, *arriba, abajo, al centro y adentro*. E uma produtora audiovisual, que divido com meu companheiro. Estudo publicidade. Não gosto. Mas já está quase no final.

Sou filha única de um amor acabado. Tenho avós que escolheram ser pais, muitas vezes. Sou participante não muito ativa de uma família pequena, parte aqui, parte no Uruguai, o que às vezes me faz cruzar a fronteira. E pode me tirar a vontade de abrir uma porta. Nunca fui pra muitos. Acho que sou meio fechadona demais. Essa coisa de escolher a dedo quem é bem-vindo. Todo mundo acha que sou de um jeito e sou de outro. Clássico. Sou libriana, loucamente grata a meu ascendente em sagitário. Liberdade é uma palavra-mestra pra mim. Gosto da cor esmeralda, herdei isso da dona Izolina. E muito de mar, presente da minha mãe. Mar é o infinito mais bonito e onde me sinto em casa. Nunca choro. Ou nunca chorava. Estou no limite de muito por aqui. Sou justiceira e tenho sempre argumentos para tudo. Na terceira série um amigo reclamou disso para o meu pai. Acho que estou sempre certa e a frequência com que isso se confirma é um pouco menor. Eu amo dançar, embora não saiba mais mexer as pernas direito. É quase uma meditação, a força que me carregou em tempos confusos. Fechar os olhos. Sentir o corpo. Toquei piano até meus doze e até hoje sinto saudades. Eu leio muito. Meu refúgio são os livros. Refúgios de todas as coisas que sempre foram abstratas pra mim, e por isso preciso organizar em caixinhas para compreender. Acho que preciso sonhar, mas minto que não. Já sofri muito, tipos de violência que nem compreendo. Alguns dizem que sou azarada, e outros, que sou sortuda. Acho que tem espaço para os dois. Não gosto das coisas tão definitivas. Tenho medo de ser feliz, tenho medo de sonhar demais, tenho medo de confiar naquilo que desejo. Sou uma medrosa disfarçada dentro da coragem, que também é minha. Preciso de sol. É o meu carregador. Escrevo pelos cotovelos, mas ninguém sabe. Uma vez não fui leal com uma amiga que amava, e nunca mais me perdoei. Lealdade pra mim é outra palavra-mestra. Protejo as pessoas que amo mais do que elas querem ser protegidas. E acho a sinceridade a coisa mais decente que uma pessoa pode escolher. Fui mãe cedo, sem nenhum plano para. Sou crítica demais comigo e com todos. Tenho vontade de mundo. Ambição pra mim é voar. Correr com um cavalo – já faz tanto tempo. Ir e vir em um domingo. Silêncio. Solitude. Música alta, incenso, edredom branco, poesia. Nadar em mar aberto. Ser mar aberto. É difícil saber quem eu sou quando isso não existe. Na impossibilidade disso tudo existir. O João me ensinou muito. Mais do que fui capaz de aprender sozinha. Acho isso bonito. Não tinha entendido o que era o amor antes dessa troca, e isso me transformou tanto que não sei mais quem eu sou. Esses são só fragmentos rasos do que fui, uma ideia tão vaga que faz muito pouco sentido. Talvez comece tudo de novo. Talvez tudo comece agora, e fim.

67 LEÕES

quinta ~ 19/12/2013

Minha mãe fugiu com o João. Ela pediu uma cadeira de rodas do hospital, de adulto mesmo, com a desculpa de dar um passeio no corredor, botou a cadeirinha do carro em cima da cadeira de rodas, amarrou tudo com um lençol do leito inutilizado, colocou o João em cima e simplesmente fugiu. Passou por corredores, desceu o elevador, conseguiu burlar a portaria e foi passear com ele no jardim. Eu estava tomando café da manhã e não vi nada.

Cheguei no quarto e não encontrei eles, mas dei falta da cadeira, imaginei que estavam pelo corredor. Aproveitei para tomar um banho longo, que fazia dias que não encaixava (agora a gente tem um banheiro só nosso, não precisa marcar horário – sinto falta da Rô).

Quando eles voltaram, ela me contou.

– Mãe, tu ficou louca?

Quis ir com ele também, em seguida. Descemos os três e entramos no verde bonito. Tinha bastante sol. Sol entre as folhas, coisa bonita de ver. O João olhava e olhava, enquanto eu mostrava árvores diferentes, chorando suavemente. Tão forte ver ele assim. Na rua, nas coisas, no sol. Sem conseguir segurar o pescoço e ainda assim tentando acompanhar com os olhos tudo ao redor. Sempre achei incrível essa curiosidade dele. Um certo assombro de tudo.

Voltamos escoltadas por um segurança que parecia chateado. Não demorou muito para virem nos incomodar no quarto. Não pode por isso, não pode por aquilo, não pode, não pode. *Mas a gente só queria que ele pegasse sol, olhasse umas árvores, saísse um pouco*, respondemos.

– Não pode.

Nunca fui boa com as regras daqui. Decidimos batalhar pelo direito do João de sair. O hospital tem um jardim lindo, quase um bosque. Um lugar calmo, que normalmente está vazio. Não tem sentido ele não poder respirar um pouco. Já tem muitos "não" nessa história.

68 LEÕES

sexta ~ 20/12/2013

Está aberta oficialmente a temporada de passeios externos. Depois de sapatear muito pelo hospital e falar com algumas pessoas, consegui autorização para pequenas idas ao jardim. Me senti vitoriosa. Como se tivesse ganhado algo muito importante. Ridícula.

Aqui tudo cresce. As coisas ruins e as boas ficam mais intensas. Os dias longos. Uma lupa emocional cai sobre tudo. E como normalmente acontecem coisas ruins, quando vem uma assim, é quase motivo de festa. Um atestado médico dizendo que podemos viver.

Estava acompanhando a fisioterapia agora de tarde e explodiram mil angústias dentro de mim. Às vezes é difícil fugir delas. Olhando ele assim, tão alterado, com tanta dificuldade de recuperar movimentos mínimos. Se esforçando com tudo que tem. Assustado. Tanto quanto eu.

Saí para o jardim sozinha para andar. Tinha tantas vozes e palavras e dúvidas zunindo na minha cabeça. Me sentei em um banco e comecei a chorar. Muito. Chorar tudo que não sei e não vou saber. O que vai ser do meu filho? A capacidade de ir, ser e desvendar esse mundo. *O que vai ser da nossa vida?* Respiro.

Três segundos mais olhando o vento, e ela volta: essa certeza cretina que não me poupa, mas não me deixa só – ele vai ficar bem.

69 LEÕES

sábado ~ 21/12/2013

João,

Estamos quase. Quase mesmo, filho. Quase lá. Tenho certeza de que conseguiremos, como te disse que conseguiríamos, com uma certeza vacilante, mas inteira. Precisava encontrar uma forma de sobreviver, e sobrevivemos. Foi tudo muito difícil, sabe? Vai ser ainda mais lá fora. E não quero te esconder nada disso, ou diminuir, porque onde mora essa dor também mora a tua força vital. Passamos pelo pior, eu acho. Olho pra ti e penso que vai ficar tudo bem no final dessa conta, tantos leões e nós. Tu és muito corajoso. Uma coragem sorridente, que me instiga e ensina mais do que tu podes imaginar agora. Uma resiliência nata que não é dura, e por isso impressiona. Eu espero não deixar que nada se perca aqui dentro, para um dia te contar tudo, sendo fiel a estes dias. Quem fomos nesses corredores. Nesse quarto. Para que serve o nosso nome daqui pra frente. Pra maioria das perguntas que deves ter em ti agora, não tenho resposta. Nem a cura das tuas angústias. Nem uma mágica pra voltar tudo ao normal. Eu já não sei mais o que é normal, e não tenho quase nada, além desse amor por ti. Esse amor que não sei medir nem tamanho, nem consequências. Nem o tempo, nem o tom. Mas nós vamos pra casa. A qualquer hora alguém vai nos devolver as chaves. Com fitas imaginárias de todas as cores, já que não sabemos o que vamos abrir. Tu tens um quarto novo, e espero que tu gostes. Achei que ia precisar de um outro tempo pro recomeço. Um lugar novo que não te exigisse nada além do que tu és. Do que tu tens pra dar. Um lugar pra bailar no teu ritmo, passos largos ou curtos. Desengonçados, talvez. Vai ser lindo. Calo as minhas dúvidas quando encontro teu olhar e percebo que não tenho como parar a travessia nas interrogações, que navegar não é mais uma escolha, a questão é como. Em que intensidade. Com que alegria. E te prometo, nunca vou desistir de ti, e essa é uma certeza tão grande, e doce, que vem e me ataca, e me enche de tudo, pulsa, e me abraça o peito, com a força de um elefante e tanta pressa que parece que vou quebrar. Essa é a única promessa que vou fazer na minha vida: atravessar os medos, encontrar soluções mesmo que passageiras, perguntar muito e em todos os lugares até sentir que sei responder para os teus olhos o que quer que seja. E aí buscar, sem desculpa ou cansaço, cada cerrar de ciclo, cada amanhecer do próximo.

Contigo, sempre.

70 LEÕES

domingo ~ 22/12/2013

Dr. João resolveu nos dar alta amanhã, dia 23 de dezembro. Soube agora à noite. Meu peito dispara de cinco em cinco minutos desde que a notícia chegou. A reforma lá em casa já está pronta, o Diogo está indo fazer compras no supermercado. Meu pai comprou passagens e vem. A família do Diogo também. Estou meio zonza, sem acreditar que vamos para casa. Logo.

Foi uma outra vida, esses dias aqui. Setenta e um, fecha amanhã. As enfermeiras disseram que eu estou quase profissional. Vou dar conta.

Começo a me despedir de tudo que não vou sentir falta, mas não tenho rancor. Não sei do que o João precisa, ao certo. Tenho a sensação de que é algo que ainda vamos descobrir, juntos, mas vive nesse laço que nos liga, algo que habita entre ele e eu, sobre quem somos e sobre quem seremos um para o outro. Algo que está nas nossas mãos. Mais poderoso do que ouso imaginar. Mas sinto.

Tenho algumas promessas pra pagar antes de ir embora.

71 LEÕES

segunda ~ 23/12/2013

Pego ele no colo, exatamente como no dia em que chegamos aqui, o coração dele no meu, a cabeça apoiada no meu ombro. O peso do amor nos braços. Vou até a porta da UTI, as meninas todas saem emocionadas e se despedem do João. São muitas. Olho cada uma nos olhos pensando em como todas agora fazem parte de nós. Pequenos gestos, palavras. Presenças para sempre marcadas. Desço até a capela, com ele apoiado em mim, acendo as três velas de sempre, sento e agradeço. Sei que recebi um milagre. Deixo algumas lágrimas correrem no meu sorriso. Meus braços já estão formigando de tê-lo no colo por tanto tempo. O João cresceu. Eu enfraqueci. Vou saindo da capela e uma moça me chama, entrega uma pedrinha na mão e diz que pegou no caminho da crucificação de Cristo, que trouxe para a avó que estava doente, mas esta faleceu e ela prometeu que daria esta bênção para alguém que precisasse. Recebo a pedrinha como um sinal. Do que não sei dizer, apenas uma ideia boa de proteção. Prometo que um dia também vou entregar para alguém. Devaneio que talvez o amor, a sorte, a esperança, possam se acumular na pedrinha, como um amuleto. Desço mais três lances de escada com ele no colo. Meu coração acelera a cada degrau mais próximo da saída. Chamei esse lugar de casa por tempo demais. Agora é difícil se despedir. Imagino a vida lá fora por cinco segundos e meu estômago dói. O medo de tudo, a certeza de tudo. O João é a minha definição de casa. Digo baixinho: *estamos indo, filho.* Sinto o coração dele pulsar mais forte. Ele aconchega a cabeça no meu ombro. Todos os funcionários da recepção, que nos assistiram fugir para o jardim nos últimos dias tantas vezes, se despedem emocionados. O Diogo abre a porta do carro. Entro, olho para minha mãe na direção me dizendo sem palavras que vai ficar tudo bem. Vai ficar tudo bem. Fecho a porta sem pressa e abraço o João, sentado no meu colo, atento ao meu olhar.

Vamos para casa, meu amor.

"Lights will guide you home
And ignite your bones
And I will try to fix you."

NADA FICOU NO LUGAR

Nada do que eu vivi até agora me preparou para isso. Foi o que disse, olhando nos olhos da doutora Alessandra, esperando encontrar a confiança de quem precisa de uma bússola – enquanto ela me encarava medindo a força dentro de mim. Tempos depois entendi que não tinha como me preparar. Nenhum movimento poderia ser evitado.

Na volta para casa, minhas expectativas eram confusas e pouco realistas, por sorte. Acho que foi um jeito de sobreviver ao primeiro momento de choque. Lembro do silêncio no caminho, que dedurava o medo de todos batendo na garganta. O carro entrando na garagem, lentamente. Não me lembro de uma palavra sequer. Só gestos silenciosos que todos faziam enquanto cruzávamos a fronteira de um novo momento, ainda muito obscuro.

O mesmo portão. A Teki abanando o rabo na entrada. A porta de ferro. A tristeza tão misturada com a alegria que precisava de outro nome. Meus pilares todos em falso, menos ele. O quarto mudou, mas sentei na mesma poltrona e recebi ele no colo – dos braços da minha mãe. Por outro tipo de fome, dessa vez. Fome de recuperar um pouco do que nos foi tirado. De unir medos e coragens. E com um pouco de sorte, abastecer a reserva de força.

Os meses que se seguiram foram muito duros. A rotina de hospital que veio na mala. O corpo sem resposta. As sondas, seringas, curativos. Os medos que alimentavam a insônia. Os dias iguais. A noção básica das horas e de estar viva, tão perdidas. É difícil hoje acessar aquela menina assustada com o filho no colo. Mas lembro que parecia que aquele momento não passaria nunca.

O João se alimentava pela sonda, que dava muitos problemas, e ele odiava. Tentava arrancar a cada oportunidade e não conseguia porque as mãos não se abriam mais. Nem os dedos. Nem os braços. Em lances de consciência, entre um efeito medicamentoso e outro, ele se dava conta de que o corpo não respondia e chorava por horas seguidas sem que nada fizesse parar. O luto do João aconteceu depois do meu, talvez por isso tenha sido tão dolorido de assistir. Eu não sabia o que fazer para ajudá-lo a cruzar essa fase.

Além da incoordenação grave, o AVC deixou muitas marcas. Uma hipersensibilidade a tudo: som, temperatura, textura, cor. O passo a passo dos dias era extremamente desafiador. Tudo muito delicado. A água do banho doía, algumas vozes incomodavam, som dos carros da rua, cheiros específicos. E pela alteração cerebral, o João não tinha mais sono. Ele tomava vinte e sete remédios diferentes, alguns para ajudar com o labirinto do sono onde tinha se perdido, mas nada. Era um virar de noite atrás de noite, em claro, nós dois.

Esse período foi destruidor. Do nosso corpo, da nossa mente, e dos sonhos surreais que eu ainda tinha de que tudo fosse passar, rapidamente. Dias de entendimento da não onipotência de uma reles mortal mãe e o tempo das coisas.

Lembro que montamos uma piscina no pátio, em um dia de muito calor, um mês após o retorno. Enchemos de bolinhas coloridas e o Diogo entrou com o João na água, devagarinho. Peguei a câmera para fotografar. Ela me protegia enquanto encarava com os dois olhos aquilo que era tão difícil de ver. Não existia nenhuma expressão de prazer ou alegria no rosto do João. Fotografei mesmo assim, alinhando naquele momento dentro de mim o enquadramento e o que era real. De noite fui olhar as fotos. Foi tão intenso. Eu mesma tinha fotografado e me choquei ao olhar com calma os instantes do tempo que tinha roubado. A cara dele de sofrimento. Tinha dor no fundo dos olhos e de alguma forma ele pedia socorro. A sonda pendurada na barriga, cheia de curativos cobrindo a pele, em carne viva por causa de um vazamento constante. O corpo, que antes era mestre, agora tão perdido de si. O menino que sempre se comunicou com tudo e de repente não conseguia dizer o que eu lia nos seus olhos tristes. Nunca mais as coisas seriam como foram. Tinha chegado a hora de mudar os sonhos. Por outros.

É difícil manter-se sendo você em um processo como esse. A gente se perde, se desconecta de quem é e dos próprios sentimentos, porque precisa sobreviver. E depois esquece que ainda existe. Pega sonhos, desejos, prazer, e coloca tudo em uma caixinha que vai ter que esperar, e ninguém sabe o quanto. E, ainda assim, precisa encontrar alguma alegria pra seguir.

No final do verão, recebi a visita de uma amiga visivelmente preocupada comigo. Não me olhava no espelho havia muito tempo, mas me vi nos olhos dela, e não gostei. Ela fez carinho nos meus cabelos e disse: *Onde foi parar teu cabelo de cavalo, índia? Sempre achei que tu carregavas tua força nele.* Eu ri, triste. Ela continuou: *Um dia me disseram que toda tristeza fica na ponta do cabelo, talvez seja a hora de se despedir.* Marquei na semana seguinte. Cortei uns 30cm de cabelo triste.

Entre os inúmeros momentos de choro, também tinha as risadas do João voltando pouco a pouco a ecoar pela casa, e elas me faziam lembrar de quando chegaram pela primeira vez, com aquele bebê risonho enchendo todos os espaços de potência, entre um peito e outro, e transformando a casa em um lar. Vivemos tempo demais sem elas, e essa volta era também um carinho que me fazia acreditar mais no futuro, ainda que o momento atual fosse bastante preocupante. A ausência. A incapacidade.

Meu primeiro objetivo era tirar a sonda da gastrostomia. E para isso precisava que o João voltasse a comer normalmente. A terapeuta responsável era a Pati. Ela atendia o João na nossa casa mesmo, três vezes na semana, sempre sorridente. Aos poucos fui percebendo que ele conseguia mais do que ela estava enxergando. E, com a ajuda da minha mãe, fazia pequenas evoluções extras. Eu dizia que ele tiraria a sonda em um mês, a Pati dizia que em um ano. Nenhuma de nós acertou. Quatro meses depois de ser colocada, a sonda foi retirada sem querer no meio de uma sessão de fisioterapia. O João já estava comendo uma quantidade razoável a essa altura, via oral. Eu achava que ele estava pronto.

No primeiro mês ele perdeu muito peso, porque o que dava conta de comer normalmente não era o suficiente, nos deixando preocupados se a decisão não tinha sido precipitada, mas em seguida começou a se adaptar, e a própria fome foi uma aliada para que ele se motivasse a tentar, se esforçar e evoluir. Nunca tivemos que voltar atrás.

Essa foi a primeira pequena vitória de várias que aprendi a comemorar. Talvez tenha sido o momento em que compreendi que nossos esforços tinham resultado, que tudo dependeria deles. Senti que éramos um time, e um time bom, de maneira que tudo me dava menos medo. Aos poucos ficou claro que a parte cognitiva estava mais preservada do que o esperado. Ele entendia tudo, reconhecia pessoas, achava graça das coisas. Muito aos poucos, mas ele estava de volta. Comemoramos na sequência muitas vezes nossos pequenos passos: passar a comer sólidos à vontade, os primeiros sons, o pescoço conseguindo se manter, os braços que se abriram, e depois as mãos, e depois os dedos, a função do corpo retornando devagar, a capacidade de voltar a brincar, o tronco, o sentar, o ficar sentado e os muitos segundos de pé que temos hoje.

Com o entendimento, também veio a tristeza. Tive muito medo de que ele ficasse deprimido, no primeiro ano. Eram muitas frustrações por minuto. Ele não conseguia executar o que queria. Nessa época, a neurologista me disse: *O João precisa sorrir. Gargalhar. Sentir-se criança. Precisamos trocar as memórias traumáticas por memórias felizes.* Abracei a missão com afinco.

Decidimos que seria bom ele retornar para a escola, para conviver por algumas poucas horas com outras crianças. Vejo esse momento hoje como a nossa primeira saída da bolha que tinha se formado. Um primeiro contato grande com a realidade do mundo das necessidades especiais. Porque é no contraste de tudo que se enxerga melhor.

Ver o João inserido no mundo chamado de normal me chocou pela forma como as pessoas olhavam pra ele. Foi uma experiência dura que me fez acordar do meu drama pessoal, para uma batalha muito maior, política e coletiva. Que me fez entender que teria que me empoderar e empoderar o João porque as coisas não seriam fáceis: além de enfrentar a doença, a reabilitação e todas as nossas dores, teríamos que enfrentar uma sociedade preconceituosa, que subestima quem é diferente.

Fomos muito mal recebidos principalmente pelos pais do colégio. Ouvi uma mãe dizer, em reunião, que seu filho era muito pequeno para conviver com esse problema. E "esse problema" era o João. A professora era incrível e carinhosa, mas não via o João como as outras crianças. Chegamos no ápice do sofrimento quando, depois de meses com as demais crianças, houve uma reunião de entrega de relatório do semestre. Me arrumei naquele dia, porque não queria que os outros pais vissem em mim alguma fragilidade. Estava orgulhosa do João e queria que isso transparecesse. Sabia que alguns deles não o queriam ali, e por isso mesmo estaria firme. Desci escadas e andei por um corredor com o coração nervoso. Quando cheguei na porta, a professora me segurou:

– Tu não precisavas ter vindo.

Olhei pra dentro da sala cheia. Todos os outros pais sentados em classes me olhavam sendo barrada na porta.

– Como assim?

– Tu não precisavas ter vindo. É a reunião semestral das crianças. Vou entregar os relatórios de tudo que fizeram.

– Sim, é por isso que eu vim.

– Não tem relatório do João, Laura.

Era a primeira vez que me sentia humilhada pelo preconceito, pela falta de preparo, de empatia, de inclusão. Como assim, não tem relatório do João? E todo esse tempo que ele está contigo? Não tem nada para avaliar? A socialização dele, os trabalhos manuais que devem estar melhorando, já que as mãos estão, as formas de comunicação que ele desenvolve, a participação. Nada? Meses e meses e nada?

Queria dizer tudo isso, mas meu corpo queria chorar e não ia desabar ali, com todos me olhando. Nunca entrei naquela sala. Pouco tempo depois decidimos que ele não iria mais e intensificaríamos os tratamentos para prepará-lo para enfrentar isso de novo, em outro momento.

Com o tempo, começamos a ir mais para a rua. Levávamos ele no supermercado com o andador, passeávamos em pracinhas, teatros. Tudo era difícil. Tenho centenas de experiências cruéis que vivenciei a partir do olhar e das palavras dos outros. Entendi naqueles dias que a sociedade vê o deficiente como um problema não desejado, e se sente no direito de tratá-lo como tal. Nós somos inconvenientes. Lentos. Feios. Difíceis de tolerar. Qualquer atitude positiva é um mero favor. Assim como era um favor deixarem o João frequentar aquela escola.

De todas as experiências que vivi, as mais difíceis foram no contato com outros pais. Estar em uma pracinha e ver os adultos afastarem seus filhos do João, como se ele tivesse algo contagioso, me feriu muito, principalmente por sentir, no exato momento em que acontecia, que ele estava percebendo tudo. Teve um tempo que tive raiva e vergonha e vontade de nunca mais sair de casa. Mas eram sentimentos. Por fora eu continuava ativa e a passos largos, defendendo o meu filhote, ainda que cheia disso tudo.

Demorou para me sentir segura nesse processo. Para conseguir reclamar, fazer cara feia, dar as respostas corretas sem medo. O João não se abatia muito com isso. O que importava para ele era como nós o olhávamos, e nós olhávamos com muito orgulho. Era o suficiente.

———

Foi duro perder minha terapeuta no meio de tudo isso. A Claudia entrou na minha vida na depressão pós-parto e passou por toda a reviravolta junto comigo. Tinha chegado o momento de se despedir, e não era por ter ganho alta da terapia. Ela estava indo refazer a própria vida, fora do Brasil, com o coração batendo no ritmo de um novo amor merecido.

Não fiz fiasco, embora vontade não faltasse. Ela tinha virado um pilar muito importante em que me escorava todo o tempo. Mas na partida ela foi tão generosa quanto na chegada, e me deu o maior presente que podia dar. Desconfio que ela sempre soube que seria.

Essa mulher era – e ainda deve ser – um mulherão. Eu a enxergava como imbatível, bem-sucedida, forte, linda, feliz. Bem distante de mim. E então o presente dela era esse: entregar um pedacinho da sua história nas minhas mãos para que eu entendesse. E a trajetória dela era bastante parecida com a minha, para o meu assombro. Violência, batalhas duras, abandono, perda. Aquela supermulher tinha vivido tudo isso.

Não tinha nada no rosto da Claudia que me fizesse ler *sofrimento*. Nem uma linha na expressão, nem no fundo dos olhos, nada. Ela não se permitiu carregar a placa da tristeza. E isso me impressionou tanto que ela virou a minha musa, minha inspiração, a quem recorro na imaginação até hoje. Me jurei que chegaria nesse lugar: que um dia, nenhuma pessoa que me visse passar na rua seria capaz de dizer quantas vezes eu já morri. E espero que isso seja capaz de honrar tudo que a Claudia me deixou de aprendizado.

Toda essa fase inicial, confusa e exaustiva, nos levou a uma virada de chave. A mais importante até hoje nesse processo. Após quase dois anos de tratamentos, em 2015, fizemos pela primeira vez uma nova ressonância magnética para saber como estava a lesão. O AVC do João era uma coisa horrorosa, tenho que dizer. Quase dois anos depois a nossa grande surpresa foi uma diminuição significativa da lesão nas imagens. Lembro da surpresa absurda da neurologista que me disse ter visto isso acontecer em apenas mais uma paciente. Normalmente o que acontece é a plasticidade da função, ou seja, outras células passam a fazer o serviço das que se machucaram. Mas no caso do João houve, além disso, uma plasticidade física, nasceram novas células no lugar das que se perderam. Ela disse algo como: *Novas estrelas surgindo em um buraco negro.*

Vida voltando. Corpo renascendo. A perfeição da natureza. O verdadeiro milagre.

Com essa notícia tão inesperada surgiu a necessidade de um novo plano, urgente. Se o cérebro estava se curando a partir de estímulos, essa era a hora de estimular mesmo. E desenhamos um planejamento de tratamento intensivo por um ano para ele. O cenário mais ideal, mais completo.

Sentei para ver o que podia fazer e tudo era tão inviável financeiramente que tive vontade de vomitar. O que fiz em todos os dias que se seguiram, passando mal diante da minha impotência, da falta de condição de dar aquilo que meu filho precisava, logo agora que ele tinha avançado tanto, acreditando na minha promessa de que eu nunca desistiria. Se seguiram dois meses muito difíceis.

Pensamos em muitas alternativas, mas nada viabilizava o tratamento com segurança. Então o Diogo teve a ideia de fazermos uma campanha pública, uma vaquinha coletiva. Eu disse: *nunca*. E repeti *nunca* dezenas de vezes. Me expor dessa forma estava totalmente fora de cogitação. Sempre odiei pedir ajuda, sempre fui fechada com a minha vida pessoal, pra mim tudo aquilo era um atestado de incompetência. Assumir a fragilidade era como aceitar a placa do sofrimento no pescoço. Ainda brigo com esse sentimento. Mas o tempo foi passando, e no nó das impossibilidades me vi dobrar os joelhos. Chorei muito enquanto decidia pela campanha. A ideia da exposição brutal me doía no corpo.

Escrevi um texto e começamos a editar um vídeo que demoraria dois meses para ficar pronto, porque nenhum de nós tinha estômago. Hoje penso que foi um processo bonito. A campanha nos obrigou a aprender a contar a nossa história, tendo que encarar ela bem de frente. Tivemos que revirar todas as memórias – fotos, vídeos, anotações. Reencontrar o João caminhando por aí, fazendo graça, nos chamando. Assistir à vida que tínhamos tido e não tínhamos mais. Contar primeiro pra nós mesmos, para conseguir contar para os outros. Doeu. Mas acho que terminamos o nosso luto ali, em definitivo.

Dessa loucura toda, nasceu a página *Avante Leãozinho*, no final de 2015. Esse é um divisor de águas determinante. A partir do momento em que jogamos a vida na rua, o João passou a ser olhado com respeito e admiração, e não mais com pena. As pessoas passaram a ser afetivas. Ganhamos uma torcida maravilhosa e leal, que nos deu as mãos nos permitindo ir muito longe: planejar cada etapa do caminho, alcançar tratamentos incríveis e voltar a sonhar. E o João começou a driblar as paredes do prognóstico. Ultrapassar expectativas. Nos mostrar que podia ir muito além.

Às vezes ouso pensar alto: a vida dá o que a gente precisa. A abertura forçada por necessidade me fez aprender muito. Pedir ajuda e receber muita, de pessoas totalmente desconhecidas, me ensinou sobre empatia, humildade, generosidade. Me enxergar através de milhares de recados de força, de torcida, de admiração, me fez entender o que realmente estávamos fazendo. E o tamanho que isso tinha. O carinho das pessoas sem barreira me fez baixar todas as guardas. Acho que aprendi a abraçar de verdade na rua quando alguém nos reconhecia. Quando o agradecimento vem lá do fundo da gente, ele transborda de um jeito diferente. Não devemos viver tudo em silêncio e sozinhos.

O segundo maior presente que ganhei nesse processo foi descobrir que a minha experiência poderia ajudar outras pessoas. Que tornar coletivo algo tão particular criava um sentido maior, e senti que podia devolver de alguma forma para o universo o tanto que estava recebendo. Sinto que nasci de novo nesses anos, contando com desconhecidos e ajudando desconhecidos.

Já recebi mensagens que me contaram muitas histórias, de muitas famílias, que por motivos diferentes se conectaram com a minha. Li histórias incríveis de amor. Li sobre medo e desespero. Soube que um grupo de mulheres, com depressão grave, acompanha a página e troca trechos de desabafos meus, onde encontraram algum sentido de vida. Abracei virtualmente mães que me procuram envergonhadas, me dizendo o quanto se sentem fracas para continuar. Outras cheias de coragem, me agradecendo por falar por elas, de alguma forma.

Pessoas do meu passado me reencontraram e tive oportunidade de pedir desculpa para uma menina que foi minha colega na escola. Ela teve uma doença autoimune, como a do João, e na época, no auge da adolescência, fiz bullying com o jeito que ela andava, com a fraqueza que demonstrava no corpo. Ela, generosa, me procurou pra dizer que lindo era ver quem eu tinha me tornado. Agradeci o aprendizado, a oportunidade de mudar o que tinha deixado para ela da nossa conexão.

Soube de mães que levam as minhas palavras amassadas na carteira, para ler quando falta o chão. Pessoas com vidas absolutamente normais e distantes da minha, que se encontram mesmo assim nas linhas em que trasbordo e me fazem entender que somos todos muito parecidos na nossa essência, naquilo de mais profundo que precisamos. Na dor e no amor.

Famílias que ficam de olho no que o João está fazendo, procurando por uma esperança para seus próprios filhos. Avós com histórias fortes. Gente que ri comigo. Gente que chora comigo. Gente que me vê na rua e manda mensagem só pra dizer como é impressionante a ausência de dor no meu semblante. Ou como estou bonita. Gente que nos alcança para dar um abraço no João. Que se arrepia quando conhece ele de verdade. E chora. Gente que quer ajudar meu filho. Gente que precisa de ajuda, e confia em mim para isso. Gente. Muita gente.

O contato intenso com outros seres humanos, com disponibilidade e abertura, com vulnerabilidade, é um negócio muito transformador.

Ao mesmo tempo que me sentia bastante exposta, sabia que não o suficiente para uma leitura clara de quem era. Inevitavelmente iam me colocar em caixinhas pré-moldadas da supermãe, a superfamília cheia de amor, que nasceu para receber essa missão. E nada disso é verdade. A caixa pré-moldada cria heróis de forma injusta. Não tínhamos nada pronto, tivemos que aprender muito. Escolher ser melhores a cada dia para dar conta.

Me pergunto por que não podemos admirar pessoas de verdade, sem endeusá-las no nível do impossível. As pessoas que sabem doer me interessam muito mais.

O João teve uma segunda crise de SHUa no mesmo ano da campanha, em 2015. E com ela veio uma onda em que quase me afoguei sozinha. Uma verdade que ainda não tinha encarado ficou bastante evidente: a vida do João sempre vai estar em risco. Com as sequelas do AVC posso brigar, bater de frente. Com a doença eu não tenho chance. Isso me colocou no chão.

A crise veio como a prova do que eu estava fugindo e me deprimi. Desse momento difícil nasceu uma nova vontade em mim. Se não sabemos quanto tempo estaremos juntos, se a vida será vivida sempre na corda bamba, eu quero dançar sobre ela. Essa energia me mobilizou tanto que decidi que o João teria uma mãe feliz. A qualquer custo. Decidi que precisava ensiná-lo pelo exemplo, que existe felicidade fora da caixa, que a verdadeira força está naquilo que somos capazes de fazer a partir da dor.

De um processo de reconexão comigo mesma, vieram algumas decisões, e uma delas foi me separar.

Agora parece tudo tão simples. Não foi. Faltava ar dentro de casa. Estávamos sufocando um ao outro, em silêncios. Eu tinha muitos medos, que o Diogo alimentava. Achava que não ia dar conta, que não teria capacidade física para tanto, achava que não era suficientemente forte sozinha. Segurei mais do que devia. Me sentia presa a um destino em que não cabia mais. Não foi fácil, mas quando consegui, foi o início de um momento muito melhor, para todos, mesmo que por motivos diferentes.

Assumi o papel de ser a principal responsável na vida do João. Assumi todo o tratamento. Parei de trabalhar por completo, o que para mim significava rasgar a única identidade que eu ainda tinha. Uma mulher que produz. Não mais. É louco porque os outros também te olham assim, e virei facilmente a coitada que largou a própria vida para cuidar do filho. Como se fosse pouco. Como se não fizesse sentido.

O que menos me senti, de lá pra cá, foi coitada. Confusa, sim. Sem identidade. Nos primeiros meses, quando o João ia dormir no Diogo, ficava trancada em casa, com a chave na porta, pronta para sair correndo se alguma coisa acontecesse. Nunca aconteceu. Virava noites vestida, caso meu filho precisasse de mim, se ele não conseguisse pegar no sono, se quisesse correr para o colo da mãe. Mas isso também nunca aconteceu. A verdade é que o tempo dele com o pai era um espaço que não me pertencia, e eu fiquei lá, com a chave na porta já sem sentido, as madrugadas em claro, e o silêncio – escrachando na minha cara a casa vazia e o fato de que estava tudo bem.

Até que me encarei. Aos poucos a ausência do João nessas brechas de tempo não me doía mais. E fui ver amigas, dar risada no bar, saí pra dançar, fui ver arte, ouvir gente que escreve, passear por aí. Precisava entender quem eu era, depois de seis anos em um relacionamento quebrado e toda essa experiência com o João. Eu não tinha ideia mais. Amei meu corpo de novo depois de muito tempo, me enxerguei como uma mulher e não apenas a mãe do João. Pintei o cabelo de lilás. Vivi. E tudo que acontecia queria dividir com o João. Apesar de todas as dificuldades, me senti mais potente do que nunca.

Nós mulheres somos seres extremamente plurais e complexos, e isso é o que temos de mais lindo. Foi difícil lidar com a exposição nessa fase. Foi o momento de entender que teria que segurar com força a pressão de me adequar a uma imagem minha fantasiada nas redes sociais, tão rasa. E que não tem meio-termo. Ou segura a pressão, ou se perde por completo. Se esfarela quem se é pelo preço de ser aceita. Admirada. Eu prefiro ser inteira.

———

A vida me quebrou em muitas partes. Em algumas, reconheço minhas próprias escolhas, em outras, as escolhas dos outros, e o acaso. Essa dor, acumulada, de traumas violentos, me fez bastante dura. É estranho pensar que foi preciso que o João existisse para que me encontrasse tanto nesse labirinto. Que foi preciso a força sincera desse afeto bonito para que me sentisse capaz, para que tivesse alegria – que antes achava tão dele e, de repente, passou a ser tão minha também.

O amor do João preencheu um vazio que carregava comigo, e transbordou via corrente sanguínea para todos os meus poros. Ele me levou de mãos dadas até mim. E eu me pedi perdão, e me perdoei por tantas coisas. E reencontrei as palavras escritas que tinha esquecido na adolescência em gavetas abandonadas. Percebo que até para isso, para sonhar alto e achar sentido nisso que chamamos de vida, e é coisa louca demais para ter direção, eu precisei que ele existisse. E foi lindo o dia em que entendi que éramos finalmente dois.

Quem veio para curar quem?

Essa vai ser sempre a nossa pergunta.

MESMO QUANDO DÓI

Eu costumava dizer que o tempo come promessas. Muitas coisas na minha vida me fizeram acreditar na incapacidade do ser humano de manter a palavra com tanta força. Mas cinco anos depois da única que fiz, sinto ela pulsar mais forte do que nunca. Manter essa promessa me faz abdicar de muitas coisas, a todo momento. Nunca me arrependo. O João avança todos os dias, fluindo nessa energia, e cada pequena vitória abastece todos os motivos que preciso para valer a pena.

As perguntas nunca cessam dentro de mim. As que me dão medo são as mesmas que me colocam em movimento. O desenvolvimento dele tem fases, de crescimento e de stand-by, que sempre me enchem de interrogações. E se tivermos chegado em um limite?

A trajetória te ensinou muito, muchacha, penso sozinha no meio do caos diário. A vida enfim é mais preciosa que necessária. É mais amor do que pressa. É gratidão por cada pequeno pedacinho do mapa cheio de incertezas. Mesmo quando dói.

Me pego tentando construir alternativas que não dependam do corpo que chamamos de normal. Penso em caminhos possíveis, coisas que abasteçam, em outras forças que podemos construir nesse ser humano que cresce. Seu olhar do mundo, seu olhar do outro, sua generosidade, seu conhecimento. Desabo às vezes, quando tudo isso parece longe demais da minha capacidade. Ergo de novo e de novo porque vale a pena tentar.

Não sei se um dia ele vai voltar a andar. Não é o que mais me importa. Faz muito tempo que deixei de demonizar a cadeira. Ela não é o problema, ela é a solução. O problema são as cidades, a cultura, as pessoas. A cadeira é só uma outra forma. Levou três anos de tratamento para que ele conseguisse se sentar sozinho. Eu sei quanto custa cada avanço. Sei que não existe linha de chegada, nem ganhar ou perder. Tudo que temos é o caminho.

Não posso afirmar que o João vai contar histórias com a própria voz de novo, que hoje só dá conta de algumas poucas palavras. Ou pegar ondas no mar, que ele tanto ama. Mas posso dizer, com certeza, que já estivemos muito mais longe de tudo isso do que estamos agora. Posso afirmar que já ultrapassamos muitas barreiras do "impossível". Muitas. E que hoje já não acredito mais nelas. Acredito nele, acima de qualquer outra coisa.

O João me ensinou muito sobre a coragem e o medo. Me salvou de uma vida inteira sem saber o que força vital significa. Aprendi a chorar no mesmo tempo em que aprendi a ser feliz. Deve fazer algum sentido. Aprendi que na fraqueza tem algo bonito, e na perda de muito, se encontra uma força de recomeço. Quase ninja. Que em tudo, tudo, tudo tem escolhas. E por isso, todo outubro comemoro uma promessa feita em 2013 que explica tudo que veio depois. E ainda vai explicar uma porção de coisas.

A aceitação não é uma coisa dessas que bate na sua porta a qualquer momento, em uma terça-feira à tarde e se convida para entrar, conveniente e simpática. Ela não traz flores do campo, nem pão quentinho, e não vem te contar sobre sorte grande e estrelas novas. A aceitação não tem dessas coisas de à primeira vista. Às vezes ela vem devagarinho, desconfiada. Entra pelas brechas e vãos de janela, vai sentindo o lugar onde pisa, se escondendo na nossa sombra, até realmente achar que pode ficar. Às vezes precisamos correr muito atrás dela. Até a exaustão. Buscar, buscar, pedir para que entre. Para que fique. E é possível que ela imponha condições. Que nos exija mudanças difíceis. E tudo dói grande.

Por isso, me sinto muito grata. Pra mim ela chegou até meio sorridente. Tímida. Mas a fim de ficar. Ao invés de exigir coisas, sentou nas escadas da entrada para conversar comigo em um fim de tarde bonito. Não lembro direito, mas acho que trazia uma flor. Arrancada do vizinho e meio murchinha.

Você não sabe que aceitou quando aceita. Como você não sabe exatamente o dia que aprendeu a ler. Ou a caminhar. Ou ficou fluente em outra língua. É um processo. Um relacionamento com algo de fora que está te construindo. Te mudando. Te levando para um novo lugar por escolha, ainda que inconsciente.

Algumas coisas me ajudaram muito, penso agora, olhando da distância mais confortável de cinco anos. Encontrar aceitação diante de coisas difíceis já era uma regra na minha vida, muito antes do João chegar. A diferença é que pela primeira vez existia um motivo bom que não era só a minha sobrevivência. Então a aceitação me encontrou pronta para tomar um chá – sorrindo e chorando, como quem desiste da linha reta. Como quem se percebe pequeno e finalmente escuta o conselho da mãe.

Aceitar te permite caminhar sem sentir as pernas amarradas. Parar de chorar o que já foi e definir para onde se vai, e como. Tem alguns momentos importantes que me fizeram tocar nisso, e a maioria deles não foram bonitos. Mas nós estávamos lá. Tinha algo sendo reconstruído. Às vezes, isso basta.

Esses dias, no aniversário de seis anos do João, senti todas as palavras do mundo no peito, mas não soube dizer nenhuma. A festa foi no Parque da Redenção, entre árvores, em um dia lindo, que sempre será lembrado. Um bloco de carnaval, colorido de verdade. Fazia calor e muita gente apareceu para comemorar com ele, entre bolhas de sabão gigantes, música e fantasia. Um grupo tocava marchinhas e muito axé. Glitter, purpurina, serpentina pintavam o dia. Um estandarte grande dava nosso recado: Bloco Avante.

De tudo que senti, fixei este momento: eu e ele. Girando no meio da festa, gargalhando, ao som de *Aurora*, enquanto alguém jogava espuma para o alto e ela caía por entre nossos olhares encontrados. Naquele exato momento desejava que o universo guardasse esse filminho dentro de mim para todo o sempre. Giramos e giramos, até o João não conseguir mais parar de rir. O corpo todo dele ria com a força impressionante de estar vivo, e eu, olhando para os olhos cheios de tudo, afeto e coragem, pensei: *meu deus, passou*. O medo de perder, contínuo e brutal. A palavra *morte* enrolada na língua. As noites acordando suada dos piores pesadelos. A vida dependendo de máquinas e, depois, a vida presa em prognósticos apertados. A sensação de estar sendo engolida pelo medo. O olhar para o futuro vazio. Esse era meu grande segredo enquanto sorria dançando com ele no meu colo. Passou. Avante é aceitar para enfrentar. É o amor que cura. É escolher como carregar uma grande dor. E em algum momento, deixar passar.

Compreendi, finalmente, que nunca houve guerra para lutar. Nunca existiu inimigo, armadura, ferro e ferro. Não estivemos em combate com os leões. Não derramamos sangue. Pelo contrário, a cada dia mais um chegava com seu olhar sábio. Mais um leão no grande bando, todos deitados ao meu lado para proteger o nosso menino. Serei sempre grata a eles. Seremos para sempre nós, e nossos setenta e um leões.

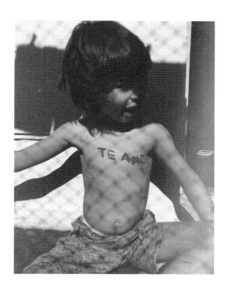

Curtido por **anzanello**, **flordiflor** e **outras 326 pessoas**

avanteleaozinho Feliz seis. Feliz céu. Velas, manhãs, caminhos. Gargalhadas. Borboletas e pipocas. Risquinhos na parede contando teus degraus. Pulsar do meu coração calculando a tua altura. Massinhas de modelar se transformando em universos e pratos de chef. Que modelem as tuas possibilidades. Que tu modele o teu futuro. Feliz dia, meu sol.

© GISELLE SAUER

Março de 2018

João,

Acho que este livro talvez seja uma espécie de cápsula do tempo, minha para ti, que deixo pronta para que daqui a dez anos, talvez, tu possas saber quem fomos.

Enquanto escrevo essas últimas linhas, tu estás no quarto ao lado, dormindo, e penso em tudo que já vamos ter vivido quando tu chegares aqui. Se já vamos ter desbravado o mundo, como combinamos. Se fomos para a África, teu desejo, ou passear pela arte do velho mundo, o meu. Se já surfamos juntos. Surfamos, filho? Estivemos no deserto? Remamos descendo corredeiras ou esquiamos a neve que hoje ainda não conhecemos? Espero que já tenhamos conhecido o jardim de Monet para poder te contar aquela história que jurei só contar lá. Acho que tu já escreves, e, do teu jeito, falas bonito. Acho que somos muito amigos e temos alguns segredos novos de dupla de dois. Lemos ainda um trecho de livro toda noite antes de dormir? Já estamos vendo clássicos do cinema juntos? Tu seguiste com o plano de aprender piano? O quanto ainda admiramos um ao outro? Quero saber as respostas. Talvez façamos pipoca. Talvez seja o momento ideal de refazer planos. Ou de um abraço longo por todos os que já fizemos.

Coisas que gostaria que tu soubesses sobre os dias de hoje:

Sempre foi alegre, de verdade. A gente sempre foi feliz, do nosso jeito.

Tu tens a melhor avó do mundo. Vi ela inventar histórias, e um corpo imaginário para te acompanhar. Vi ela morrer e nascer para estar contigo. Ela reinventou o amor através dos teus olhos.

Teu sorriso é muito forte. Acredito em um mundo melhor através dele, e muitas pessoas também. Não te esqueças nunca disso, para o teu avante diário, e o de muitos.

Existe um fio entre nós. É fluido, mas muito forte. Não podemos ver, mas podemos sentir. Esse fio te faz parte de mim para todo o sempre. E me leva contigo não importa aonde.

Teu pai te ama com a força de um tornado, ainda que às vezes um pouco atrapalhado. Acho que ele foi aprendendo a amar contigo, João. É bonito ser motivo para coisas assim, filho, tão grandes.

É uma honra te acompanhar. Nunca desejei que nada fosse diferente. Amo a nossa história exatamente como ela é. E me sinto orgulhosa por poder te assistir rodopiando pela vida tão de perto.

Tu sempre tiveste a capacidade estranha de fazer as coisas parecerem fáceis. De viver tudo com uma leveza impressionante. Nunca foi fácil pra ti, João. Foi exigente e cansativo. E tu sempre fizeste parecer fácil e nunca deixaste de sorrir genuinamente.

Faz poucas semanas que tu reaprendeste a me chamar de mãe. Demorou quatro anos e meio para isso acontecer. Sempre te disse que não tinha problema, que não ligava se tu não conseguias ainda. Desculpa, filho. Te menti. Eu ligava sim. Ficava me perguntando por que só eu tinha ficado sem a tua voz. Desejei muito que esse momento chegasse, e quando ele chegou, junto com o teu salto quântico dos últimos meses, tu me preencheste de legitimidade. Senti como um prêmio pelo meu esforço, um presente do cosmos, enrolado em fita. Agora tu não paras de me chamar o dia todo, e estou exercitando aquela paciência: cuide bem o que você pede, pode ser que dê certo.

Carregamos placas trágicas padrão. É tão difícil se livrar do peso dessas placas, João. Assumir a placa é ter o direito inquestionável de permitir que o sofrimento dite caminhos, que as perdas falem sobre quem somos, para sempre. É preciso romper com elas todos os dias. É na nossa capacidade de jogar afeto em tudo que encolhemos o nosso medo. Tento aprender para poder te ensinar.

Força, afinal, não era bem o que eu pensava, sabe? Força é aquilo que somos capazes de construir a partir das nossas dores. É acolher sofrimento e felicidade, juntos, e assumir a responsabilidade dessa decisão.

Acho que descobri o amor dançando contigo. Empurrando a tua cadeira por calçadas difíceis, enquanto choramos de rir de alguma bobagem. Escolho ver as partes bonitas em tudo isso. As curvas que demos em um prognóstico cheio de barreiras derrubadas por ti, uma a uma, me lembra que podemos. Cada vez que vejo tuas mãos desenhando. Cada vez que tu ficas mais um milésimo de segundo de pé. O teu sorriso de meio metro cheio de dentes, os teus pequenos milagres. Talvez sejam uma coisa só.

Penso que talvez tu te culpes mais tarde, e por isso já deixo dito e assinado que faria tudo de novo. E que ser tua mãe me tornou uma pessoa da qual gosto muito mais. Agora sei que tudo cabe, se for verdade. Braços abertos protegem mais que escudo. Acordar feliz é escolha. Assim como desenhar um sol amarelo no meio do papel. Um sol, de próprio punho. Trabalhar com o que se tem, afinal, é cantar sabedoria. E te olhar com atenção de alguma forma maluca me fez me olhar com mais candura.

Tem coisas que ando repetindo. Tipo mantras da nossa selva particular. A vida é maravilhosa. O cérebro é sagrado. Tu és meu sol. Lembretes contínuos daquilo que importa. O amor, filho, é essa coisa absurda e transformadora que mexe as minhas pernas. Mover-se também é deitar em uma rede para ler poesia. Enfrentar também é gargalhar. Caminhar pode ter tantas formas. Chegar é o ponto, mas aonde?

Caio F. desejava que fosse doce, mas descobri há algum tempo que agridoce também serve. Aos poucos perdemos a tontura da roda-gigante e pulamos medos, que nem as sete ondas da virada. És tu quem me leva. Para dançar na sala, para o papel em branco e para as minhas próprias descobertas. Essa coisa de aprender juntos ainda vai nos levar para tantos lugares. Sinto. E me assombro em perceber, vira e mexe, que apesar de tanto, e contra todas as probabilidades calculadas, das caixas feitas, das regras claras, das gentes que tudo sabem, nós somos felizes.

Tem uma música em espanhol que diz mais ou menos assim: muitos esperam que resistas, que lhes ajude a tua alegria, a tua canção entre mil canções. É isso. Resistimos. Gargalhamos como quem acredita, sempre. Vamos avante. Porque sim. E é resposta.

Obrigada por ser meu capitão em tantas aventuras, nesse barco bonito, que construímos pouco a pouco, enquanto navegamos em mar aberto. Coisa de maluco. Eu te amo por isso, e por tantas coisas mais. Eu te amo imenso, e me repito em eco: daqui até a lua, cinquenta e sete vezes, ida e volta.

Contigo, sempre.

POSFÁCIO
Rabiscados nas estrelas

Por Amanda Costa, astróloga.

O João tem a Lua em Aquário, que representa essa mãe, bem aquariana, uma mulher com uma cabeça aberta, inspirada. A Lua está no ápice do mapa, angular, então a conexão que mãe e filho têm é uma coisa muito poderosa. O sucesso dele, os progressos em relação a tudo, dependem em muito da conexão e da sensibilidade dessa mãe. A capacidade dela de antever.

Do ponto de vista público, coletivo, ele tende a ocupar uma posição de notoriedade. E tudo que ele vive e vai viver, todos os processos, serão extremamente úteis para quem vem depois. Chama bastante atenção, quando a gente olha o desenho do mapa, que quase todos os planetas estão nas casas de cima. O mapa astral é uma cartografia da relação da Terra com o espaço sideral e com o sistema solar em determinada hora. Em cima, embaixo: se a gente dividir o que é visível do que não é visível, o dia e a noite, o coletivo, e o individual, respectivamente. No João, está tudo lá em cima. E com a Lua lá, que é o astro que mais tem relação com o coletivo. A voz dele é uma voz pra ser ouvida em longas distâncias. Uma voz que reflete muitas outras vozes, não só a sua.

Os piscianos dessa época em que ele nasceu vêm com a conjunção de Sol-Netuno, que é o astro que corresponde a Peixes. No João eles estão no mesmo grau, o grau zero, início do signo. Recém o Netuno havia entrado em Peixes, um astro que leva 164-165 anos para dar a volta ao redor do Sol e voltar ao mesmo ponto. E justo quando o João nasceu, o Sol estava entrando no mesmo signo, Peixes, fazendo a conjunção. Ele é um sensitivo. Precisa de arte, precisa de música.

Ele tem uma coisa muito forte também de telepatia, sobretudo com a mãe, essa conexão de alma muito intensa. Além de Peixes ser bastante acentuado pelo Sol em Peixes em conjunção com Netuno, que é o astro de Peixes, ali está também Mercúrio, que é o planeta da comunicação. É uma comunicação de caráter emocional, sensível, uma conexão que se dá por intimidade. O ser com quem é mais fácil a comunicação pra ele é a mãe, e as mulheres de modo geral.

Chama atenção que Marte, que é o astro que tem uma energia masculina mais expressiva e que corresponde a Áries, que é o Ascendente dele, é um astro que está praticamente sozinho na parte inferior do mapa, em uma casa que é relacionada a vigor, saúde. Justamente onde, de certa forma, houve uma falta. O ânimo, a força que ele tem, vem muito do subjetivo. Muito mais do que do físico. É uma força que vem da alma.

O Ascendente em Áries tem a ver com essa vontade de vida. E até com a velocidade com que responde aos tratamentos. Áries é muito rápido em tudo. É o primeiro signo do zodíaco, tem essa energia de início. Está tudo escuro e uma luz se acende: essa é a luz do Áries. A força do arranque em direção à vida. Energia que não acaba. É quase como se ele tivesse escolhido esse horário para nascer desejando vir com um corpo de Fogo para dar conta de tanta sensibilidade.

Esse Júpiter em Touro na casa I é uma posição muito legal, uma espécie de proteção que ele tem, tanto no sentido espiritual quanto no sentido físico, material, do corpo. Que apesar do fardo ser duro e pesado, ele tem uma força vital que consegue dar a volta nas coisas e tem uma estabilidade impressionante. Dentro de tudo isso que ele vive, ele mantém uma energia mais harmoniosa e equilibrada, é uma criança muito amorosa e afetuosa.

Ele tem uma ação forte sobre as pessoas. Uma liderança que é nata e muito intensa. Tem a empatia e receptividade do Peixes, mas também tem uma marca dele, um jeito muito próprio de se colocar. Ele não se entrega pra dor, não se apega a isso, segue em frente e está sempre olhando pro que vem depois. É uma figura interessante esse guri. É alguém que está sempre se transformando, sempre se reciclando.

Tudo que ele mais quer na vida é o amor. É e um amor que ele mesmo tem transbordante, é lindo isso, alguém que tem tanto pra dar. Mas também precisa muito. Júpiter tem a ver com os mestres espirituais – tudo a ver com a vó materna nesse caso, que é do signo de Touro. A vó como guru. Uma relação potente e de estímulo.

Tudo para ele é muito íntimo, normalmente as pessoas vivem a intimidade só no seu campo fechado. Ele é um ser que tem a intimidade no coletivo. No público. É um Leão do mar. Um Sol no mar das gentes.

O João não tem essa montanha de Terra que a mãe dele carrega. No mapa da Laura, tem uma montanha lá em cima do mapa, com muitos planetas em Virgem. O ponto mais alto do mapa dela é Virgem no Meio-Céu, e tem Vênus em Virgem, Lua em Virgem. Tem a Lilith/Lua Negra, também em Virgem, é bastante coisa. O Sol faz conjunção com Mercúrio, ambos em Libra, uma energia intelectual muito ágil, muito veloz. Tem mais planetas em Ar e Fogo. Ela tem uma energia altamente dinâmica e essa coisa pé no chão de Virgem, natureza, Terra.

A Água não é um elemento tão expressivo no mapa dela; tem mais Terra, Fogo e Ar. Tem o Nó lunar, que é um ponto de força, na casa quatro, que é a casa do lar, da família; no ambiente familiar é fundamental o aspecto afetivo. O amor da família de origem é muito importante para esse processo. Em Água, tem um ponto em Peixes e outro é Plutão, o planeta da transformação, e que está em Escorpião, que é o lugar dele, então está com sua energia a pleno. E tem ligação também com o que está em Peixes, então tem uma capacidade de regeneração nela que também é auxiliada, além do círculo familiar, pelos amigos de verdade, que ela escolhe a dedo. Virgem, Lua e Vênus, altamente seletiva nos afetos. Ela tem a potência do Sagitário também. Saturno em conjunção com Ascendente e Urano. Ela tem uma força que às vezes surpreende, porque não acaba.

A Lua em Virgem organiza tudo o tempo todo, em movimento, racionalizando sem parar. Com muita energia, pelo conjunto do mapa. Ela é um reator. Parece que de vez em quando vira uma chave. Ela está exausta e pá, vira. Ninguém sabe de onde saiu toda aquela nova energia. A Laura é extremamente sensível. Ela não sabia o que era amor de verdade antes do João. Os pontos mais altos do mapa são Vênus e Lua em Virgem. Vênus é angular, em conjunção com o Meio-Céu. A Lua também em destaque como no mapa do João, e em conjunção com o Marte dele. Também tem muito de pioneirismo no mapa dela, inovar, abrir caminhos, trazer à tona o que está ali, mas ainda não aflorou. Isso se manifesta na relação com o João também. Talvez a consciência brote de lá, da interação dos dois. É alguém que age para o futuro coletivo. Uso dos próprios recursos para transformação coletiva.

Ela é muito autocrítica. Eminentemente mental, enquanto o João é eminentemente emocional. Dá pra ver muitas conexões poderosas entre os mapas de mãe e filho, isso é frequente, mas tal intensidade é que não é tão comum. Ele tem o Marte em Virgem que não forma aspecto com outros pontos do próprio mapa, porém faz uma conjunção exata, só um grau de diferença com a Lua da mãe. Da mesma forma que a mãe dá a vida pra ele, ele dá vida para ela. Ele mobiliza essa mãe para que ela se torne uma pessoa melhor, para que ela se conserte, se cure, de todo jeito que puder. Ela cuida dele, mas ele é o guia e o protetor dela. E ambos têm Ascendente em Fogo também. A coisa da luz, do olhar pro alto, e de ir adiante. Tem a ver tanto com o Áries dele quanto com o Sagitário dela. E as Luas no alto do céu ao nascer.

E Marte, que é impulso e vigor, está em Áries no mapa dela, interessante mais essa conexão. Ela tem o Marte em conjunção com o Urano dele. A Laura tem essa capacidade de despertar a força que está lá no fundo do João, que mobiliza algo que faz com que ele dê saltos de evolução inesperados. Ela liberta ele. Estimulam um ao outro, dão ânimo um ao outro. Ela se tornou outra pessoa depois de se tornar mãe. E à medida que foi vivendo tudo isso com ele, foi se transformando mais e mais, e em uma velocidade impressionante. Mudou principalmente a atitude em relação à vida. O valor da vida.

Ainda não

Por Maria Rezende, poeta.

"Aqui digo: que se teme por amor,
mas que, por amor também
é que a coragem se faz."
(Guimarães Rosa)

É o que eu respondo quando me perguntam se tenho filhos. "Ainda não." Desde sempre houve esse "ainda", essa expressão do desejo não consumado, a necessidade de deixar bem claro – pra amiga de colégio de repente reencontrada, ou a moça da farmácia, ou o rapaz interessante no primeiro encontro – que ter filhos era fato, que era só questão de tempo. A maternidade pra mim sempre foi certeza, e por anos eu culpei os parceiros instáveis e a ironia da vida pelo fato desse sonho ainda não ser carne. Hoje, na beirinha dos quarenta, entendo que vida não tem acaso, e que uma grande parte do imponderável que me fez ainda não ter filhos tem nome: medo.

Porque filho é mistério. Porque ser mãe é pra sempre. É assinar um cheque em branco, saltar no abismo de olhos fechados, é casar de papel passado com o imprevisível. Porque não importa quantos exames se faça durante a gravidez, parir um filho saudável não é garantia de ter um filho eternamente saudável. Porque não importa o cuidado imenso, o amor imenso, a dedicação, os planos, a vida é real e é de viés e vê só que ciladas ela nos arma, de vez em quando. Vê a Lau. Vê o João.

Eu vi eles nas redes. Uma mãe e um menino, lindos, leves, gargalhando em cima da dor, da tristeza, do imprevisto. Estendendo os braços e dizendo:

venham com a gente, precisamos de vocês, nossa fragilidade é nossa força, podem chegar perto. Ele um leão luminoso. Ela a rainha da manada. Ele com um sorriso que me deixou toda nua no meu desejo, no meu medo. Ela com um texto afiado que me abriu feito ostra. Então pode isso acontecer? Um guri de nem dois anos subitamente perder a luz por setenta e um dias? Pode uma garota de vinte e poucos ver noite virar dia, virar noite, virar dia, ver mundo virar caverna sem saber se voltaria pra casa com seu companheiro de aventuras?

Um leão por dia. Não pra matar, mas pra incluir no bando. A cada dia um novo rugido, uma nova juba sedosa, mais força, mais calor. Setenta e um dias depois, lá foram eles todos juntos de volta pro sol. Agora, a Lau generosamente nos oferece um mergulho nesse poço fundo da internação do João. E porque mãe é gente, ela nos convida também a visitar sua própria infância, juventude, suas dores e inquietudes. Sua prosa dura e doce nos deixa sem fôlego e nos acolhe. Sua história é única ao mesmo tempo que é a de tantas mulheres, de tantas crianças. Agora sei: ninguém nunca está pronto pra maternidade. Medo é parte da viagem. Ser mãe é construir um foguete em pleno voo. Este é um livro sobre a coragem.

AGRADECIMENTOS

Tenho muito para agradecer às tantas pessoas que dividiram o caminho comigo. À minha mãe, Ana Luiza Costa, que permitiu que esse livro existisse, me dando tudo que tem, dividindo o tempo, a vida e o nome comigo. Eu sou porque tu és. A meu pai, Eduardo Patrón, por me ajudar na volta no tempo e me ensinar muito de tudo que sei.

Ao Mario Cladera, que compreendeu e compreende muito, mesmo sendo tão difícil.

Meus avós maternos, Izolina e Gabriel Costa, que foram para mim tudo que não pude ser sozinha, preenchendo lacunas com abraços, em todos os momentos, esperançosos na vida em mim.

Juliana Lang, que cuidou por puro afeto esse tempo todo, e foi espaço de reencontro e recomeço.

Claudia Salete de Oliveira, que me salvou mais do que pode imaginar.

Diogo Santoro, com quem vivo uma fase de amizade e união, e autorizou esta publicação em respeito à minha verdade, me entregando as chaves de volta: da confiança e do amor acima de todas as coisas.

Tatiana Cruz, minha poeta preferida, que me abraçou inteira quando eu estava cheia de medo. Nos despedimos juntas. Que bom.

Fernando Ramos, que esteve ao meu lado em quase todo o processo, que leu, releu, e me amou em dias difíceis. Minha sorte-elefante.

Às mulheres essenciais na minha vida, mestras e guias que têm meu coração nas mãos, e me inspiram tanto sendo quem são: Ana Paula Costa, Clarissa Dias, Bianca Duarte, Christiane Baladão, Carol Salazar, Viviane Saccol, Giselle Sauer, Michelle Baladão, Nicole Cintra, Ana Cardoso.

A todos que cuidaram e cuidam do João com tanto amor, em especial a João Krauzer, Alessandra Pereira, Renato Eick, Gislaine Baccarin, Filipe Geyer, Renata Brasil, Carine Sauté, Larissa Siqueira, Denise Duarte, Luciana Costa, Pedro Schestatsky, Lauren Adachi e Milena Artifon.

Muito obrigada para os muitos doadores – familiares e desconhecidos – que nos ajudaram em tantos momentos decisivos. Vocês mudaram o nosso destino para sempre. Aos jornalistas que nos abriram lindos espaços e espalharam nossa voz. Aos artistas, fotógrafos, filmmakers, que contaram essa história com ternura e respeito.

Para os envolvidos diretamente com este livro, especialmente Cristiano Baldi, pela primeira leitura, Cris Lisbôa, pelas mãos dadas e pontes abertas, Amanda Costa por me emprestar as estrelas, Priscila Pasko pelo olhar essencial aos quarenta e cinco do segundo tempo, Angelo Bonini pela fotografia que fala mais do que eu conseguiria e será para sempre um marco dessa aventura, e Gustavo Guertler, que acreditou e pegou no colo, permitindo que essa história tenha o cheiro de livro novo que sonhei.

Petra, Maria e Helen: pelo bando potente. Obrigada pelo mergulho generoso e as mãos dadas nessa travessia tão louca pra mim.

Por fim agradeço a todas as mães com quem cruzei na UTI, nos corredores difíceis dos hospitais, e as tantas que conheci nessa jornada, que me ensinaram tanto e ainda ensinam, todos os dias.

Não teria conseguido sem vocês.

COMPRE UM
·LIVRO·
doe um livro

Nosso propósito é transformar a vida das pessoas por meio de histórias. Em 2015, nós criamos o programa compre 1 doe 1. Cada vez que você compra um livro na loja virtual da Belas Letras, você está ajudando a mudar o Brasil, doando um outro livro por meio da sua compra. Queremos que até 2020 esses livros cheguem a todos os 5.570 municípios brasileiros.

Conheça o projeto e se junte a essa causa:
www.belasletras.com.br

Este livro foi composto em liberation serif e impresso em papel pólen 80 g pela gráfica Copiart em setembro de 2018.